Entdeckungsreise auf der Emsland-Route

Liebe Radfahrerin, lieber Radfahrer!

Per Fahrrad wollen Sie das Emsland erkunden! Das freut uns sehr, denn im Emsland wird die Radtour zum Erlebnis. Atmen Sie auf in der grünen Weite und vergessen Sie ganz einfach den Alltag! Die gelungene Kombination von wechselnden Landschaften, viel Sehenswertem am Wegesrand, Top-Service und herzlicher Gastfreundschaft macht Ihren Radelurlaub zu einer runden Sache.

Die Strecken der Emsland-Route liegen zumeist abseits der befahrenen Straßen, sind also besonders naturnah geführt. Und so lassen sich auf dem 300 km langen Rundkurs zwischen Rheine im Süden und Papenburg im Norden und auf weiteren 600 km Emsland-Netz echte Entdeckungen machen: ein imposantes Großsteingrab mitten im Wald, eine idyllische Mühle, die zum Picknicken einlädt, ein farbenfroher Bauerngarten inmitten von Wiesen und Feldern, der glitzernde Flusslauf der Ems und eine trutzige Kirche am Horizont oder ein liebevoll ausgestattetes Bauernhofcafé, in dem selbstgebackener Kuchen angeboten wird. Auf der Emsland-Route begegnen Sie dem Besten, was die Region zu bieten hat: spektakuläre Technik, spannende Geschichte, idyllische Natur und kulinarische Spezialitäten.

Egal ob passionierte Radwanderer, Freizeitradler oder Familien mit Kindern – alle finden auf der Emsland-Route ihre Lieblingsstrecke. Die Radwege sind von guter Qualität, und nur hier und da ist eine kleine Steigung zu überwinden.

Darum eignen sich viele Strecken auch für Handbiker. Hecken und Alleen bieten ausreichenden Windschutz. Entlang der Ems lassen sich einige Strecken auch mit der Bahn überbrücken, die Fahrradmitnahmeangebote sind ausgezeichnet. Gute Tourenräder stehen den Gästen in 12 Verleihbetrieben zur Verfügung, und per Koffer-Taxi wird das Gepäck von Hotel zu Hotel befördert. Radwanderkarten und GPS-Tracks zum Herunterladen aus dem Internet machen das Servicepaket komplett.

Dieser neu aufgelegte Routen - Spiralo enthält viele nützliche Tipps und Adressen, z.B. für Einkehr- und Übernachtungsmöglichkeiten, Hinweise auf Radverleih-Betriebe, Museen oder auf die Beschilderung.

Verlassen Sie sich bei der Buchung Ihrer Radreise auf die Kompetenz unseres Buchungsteams. Wir kennen die Strecken, die Sehenswürdigkeiten, die Hotels und beraten Sie umfassend und ohne Mehrkosten. Mit den Reiseunterlagen erhalten Sie gratis exklusive Anreise-Informationen zu den Übernachtungshotels und ausführliche Reisebeschreibungen!

Also, lassen Sie sich den Wind um die Nase wehen und genießen Sie das „Raderlebnis Emsland-Route"!

Information:
Emsland Touristik GmbH
Ordeniederung 1
49716 Meppen
Tel. 05931 / 44 22 66
Fax 05931 / 44 36 44
info@emsland.com
www.emsland.com

Routen- und Blattübersicht

Kartenblatt

- ——— Emsland-Route
- – – – Nebenstrecke
- ——— Handbiker
- -·-·-· Eisenbahn
- Autobahn
- Bundesstraße
- -·-·- Staatsgrenze
- ～～ Fluss
- Städte

Spiralos - Deutschlands schönste Radwanderrouten als Kombination aus Karte und Radwanderführer

Ein Kartenkonzept von Radlern für Radler: Format, Maßstab, Karteninhalte (z.B. ausgewählte Straßennamen) und Textinformationen sind speziell auf die Anforderungen des Radlers abgestimmt und bieten viele praktische Vorteile, z.B.:

- Das quadratische Format ermöglicht eine ständig gleichbleibende Einordnung aller Kartenblätter (Norden = oben/Süden = unten) und erleichtert dem Kartenleser erheblich die Orientierung. Die Karte muss nicht gedreht werden, um „auf dem rechten Weg zu bleiben".

- Eine Kilometrierung der Route in 5-km-Abschnitten ermöglicht eine detaillierte und optimale Planung der Tour.

- Die Orientierungspunkte machen beim Kartenblattwechsel das Auffinden des Standortes auf dem nächsten Kartenblatt so leicht wie möglich.

- Ausführliche Textinformationen liegen den Kartenseiten genau gegenüber und ermöglichen so einen direkten Zugriff auf interessante Sehenswürdigkeiten, empfehlenswerte Gaststätten und vieles mehr.

Zeichenerklärung

Radwegenetz

	Emsland-Route (Hauptroute)
	Emsland-Route (Nebenstrecken)
	Emsland-Route (Handbiker)
	Überregionale Radwanderwege
	Hase-Ems-Tour
	United Countries Tour
	Geest-Radweg
	Dortmund-Ems-Kanal Route
85	Kilometrierung der Emsland-Route in 5-km-Intervallen
22	Kilometrierung der Nebenstrecken
	Schlechte Wegstrecke
	Orientierungspunkt für den Kartenwechsel
11	Hinweis auf das Anschlussblatt

Verkehrsnetz und Grenzen

31	Autobahn mit Anschlussstelle
70	Bundesstraße
	Hauptstraße, Nebenstraße
	Sonstige Straße, Feldweg
	Bahnlinie mit Bahnhof
	Staatsgrenze
	Landesgrenze

Gewässer

	Binnensee
	Flüsse/Kanäle mit Fließrichtungspfeil

Flächen

	Bebauung
	Industriefläche
	Wald
	Friedhof
	Sperrgebiet

Relief

Berg 19	Berg mit Höhenangabe
•20	Höhenpunkt
50	Höhenlinien mit Höhenlinienzahlen

Topographische Einzelzeichen (in Auswahl)

	Kirche, Kloster, Kapelle
	Schloss oder Burg
	Windmühle, Wassermühle
	Funktechnische Anlage
	Turm, Denkmal
	Sportplatz
	Flugplatz

Sehenswürdigkeiten

	Kirche, Kloster, Kapelle
	Schloss oder Burg
	Windmühle
	Wassermühle
	Großsteingrab
	Grabhügel
	Aussichtspunkt
	Besondere Sehenswürdigkeit (z.T.) mit Namen
	Museum
	Wildpark
	Lehrpfad

Information und Rast

	Information
	Krankenhaus
3/3	Gastronomie oder Unterkunft mit Nummer (den Kartenseiten zugeordnet)
	Feuerstelle, Grillplatz
	Rastplatz
	Bahnhof, Haltepunkt
	Routennaher Parkplatz
	Wehr
	Freizeitanlage, Ferienhausanlage
	Campingplatz, Zeltplatz
	Jugendherberge
	Schutzhütte

Freizeit, Spiel und Sport

	Hallenbad
	Freibad, Badesee
	Wassersportmöglichkeit
	Bootsverleih
	Bootssteg
	Boots- oder Schiffsanlegestelle der regelmäßigen Personenschifffahrt
	EmsLandRad-Verleih
	Minigolf
	Freilichtbühne

Maßstab 1 : 50 000

0 1 2 km

1 cm in der Karte = 500 m in der Natur
1 km in der Natur = 2 cm in der Karte

ISBN 978-3-87073-468-8

6., erweiterte Auflage 2009

© by BVA - Bielefelder Verlag GmbH & Co. KG, Ravensberger Str. 10 f, 33602 Bielefeld
Internet: www.fahrrad-buecher-karten.de
Herausgeber: BVA-Bielefelder Verlag GmbH & Co. KG, Bielefeld und Emsland Touristik GmbH, Meppen
Fotos: Emsland Touristik GmbH, Internationaler Naturpark Bourtanger Moor - Bargerveen, Orte im Emsland, Werner Franke, Hans Weißer, Schöning Fotodesign.

Nachdruck, auch auszugsweise, sowie fotomechanische und elektronische Wiedergabe nur mit ausdrücklicher Genehmigung des Verlags.

Rheine

Vor mehr als 1100 Jahren entstand Rheine an der Emsfurt. Heute leben rund 76.000 Einwohner in der lebendigen und beliebten Einkaufsstadt im nördlichen Münsterland. In der Innenstadt locken zahlreiche Geschäfte und Cafés mit Angeboten. Die regelmäßig veranstalteten Feste wie das Ems-Festival, „Märchenhaftes Rheine", Deutschlands größter Kinderflohmarkt, die Straßenparty u. v. m., machen Rheine zusätzlich zu einem regionalen Magneten. Der Falkenhof, Keimzelle der Stadt, hat seit seiner Entstehung viele bauliche Veränderungen erlebt. Heute wird Besuchern Gelegenheit geboten, die archäologischen Fundstücke zu besichtigen, welche bei Bauarbeiten im Jahre 2004 entdeckt wurden. Weitere Ausstellungsstücke wie die Waffensammlung, die städtische Gemäldesammlung sowie die vielseitige Sammlung mit Kunstwerken vom 14. - 20. Jh. versprechen einen spannenden Besuch.

Im Naherholungsgebiet Bentlage bieten das Kloster Bentlage, der Naturzoo und die Saline Gottesgabe einen touristischen Dreiklang: Im Museum Kloster Bentlage werden u. a. die berühmten spätmittelalterlichen Reliquiengärten gezeigt. Im Obergeschoss ist die Westfälische Galerie untergebracht. Natürliche, weitläufige Anlagen für rund 100 Tierarten mit mehr als 1000 Tieren prägen das Bild des Naturzoos im Erholungsgebiet Bentlage. Besonders hervorzuhebende Attraktionen sind Deutschlands erster Affenwald und die anlässlich der REGIONALE 2004 entstandene Seehund- und Pinguinanlage. Ihre Blütezeit hatte die historische Saline Gottesgabe im 18. und 19. Jahrhundert. Die heute erhaltenen und renovierten Gebäude und Gerätschaften gehören zu den ältesten technischen Kulturdenkmalen im nördlichen Westfalen und sind der vorindustriellen Zeit zuzurechnen. An der Saline werden Führungen angeboten.

Information:
Verkehrsverein Rheine
Bahnhofstraße 14
48431 Rheine
Tel. 05971/ 5 40 55
Fax 05971/ 5 29 88
Internet: www.rheine.de

Schloss Bentlage

Saline Gottesgabe

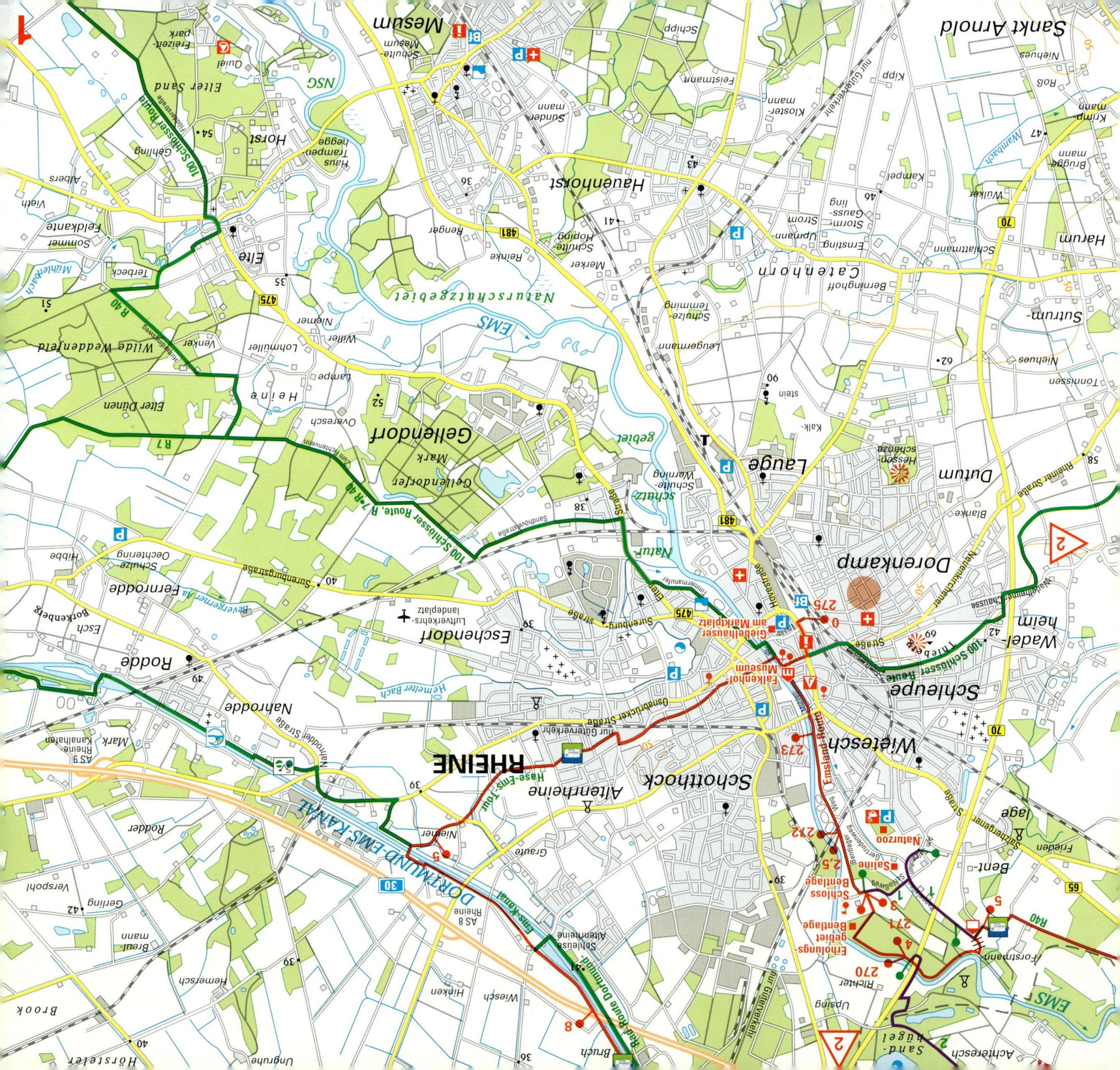

Salzbergen

Die rund 7.500 Einwohner zählende Gemeinde Salzbergen liegt ganz im Süden des Emslandes. Salzbergen besticht durch seine Natur und das ausgeprägte Freizeitangebot: Ob Radeln und Wandern im Stoverner Wald, Kanutouren auf der Ems oder Badefreuden am Hengemühlensee – für jeden Geschmack ist etwas dabei.

Vor allem die Emsniederungen, eingebettet in das Landschaftsschutzgebiet Emstal, sind von besonderem landschaftlichen Reiz und laden zum Entdecken ein. Überrascht sind die Gäste vom einmaligen Feuerwehrmuseum mit seiner umfangreichen Sammlung und einer Dampfspritze aus dem Jahr 1901. Die Denkmalslokomotive aus dem Jahr 1942 prägt das Zentrum.

Südlich des Ortes Salzbergen liegt in einem ausgedehnten Waldgebiet das Gut Stovern, umgeben von einer Gräfte und einem das weitere Gartenareal abgrenzenden Graben. Das Herrenhaus ist leider nicht zu besichtigen. Inmitten des Stovernschen Waldes kann die vielfältige Pflanzenwelt auf dem Walderlebnispfad beobachtet werden. Wanderwege erschließen im Ortsteil Steide auch das Naturschutzgebiet Keienvenn.

Gut Stovern

Pfarrkirche St. Cyriakus

Information:
Gemeinde Salzbergen
Franz-Schratz-Straße 12
48499 Salzbergen
Tel. 05976 / 9479-0
Fax 05976 / 9479-20
info@salzbergen.de
www.salzbergen.de

Sehenswürdigkeiten/Ausflugsziele:
- Feuerwehrmuseum
- Walderlebnispfad Stoverner Wald
- Denkmalslok
- Musikpavillon
- Gut Stovern
- Ferienhausgebiet Hengemühlensee
- Jelly-Beans-Spielpark
- Kolping-Bildungshaus
- Katholische Kirche St. Cyriakus

Übernachten & Einkehren:
- 2/1) Gutsschänke Holsterfeld, Feldstraße 30/ An der B 70, 48499 Salzbergen, Tel. 05971/ 70650, kein Ruhetag
- 2/2) Waldcafé Holsten, Holstener Weg 25, 48499 Salzbergen, Tel. 05976/ 529, Ruhetag: Donnerstag

Emsbüren

Information:
VVV Emsbüren Touristik GmbH
Papenstraße 15
48488 Emsbüren
Tel. 05903 / 935758
Fax 05903 / 935761
vvv@emsbueren.de
vvv-emsbueren.de

Sehenswürdigkeiten/Ausflugsziele:
- Erlebniswelt Emsflower
- Heimathof Emsbüren mit Heilkräutergarten
- Enkings Mühle
- Swingolfanlage
- Kartpark
- Kulturzentrum Fokus
- Mehringer Hünensteine
- Wehr und Schleuse Listrup

Übernachten & Einkehren:
- 3/1) Hotel „Emsländischer Hof", Lange Straße 3-5, 48488 Emsbüren, Tel. 05903/362, Ruhetag: Dienstag (Restaurant)
- 3/2) Bauernhofcafé In't Hürhus, Mehringen 19a, 48488 Emsbüren, Tel. 05903/ 6560, Ruhetag: Montag
- 3/3) Enking`s Mühlencafé, Carl Enking GmbH, Mühlenstraße 36, 48488 Emsbüren, Tel. 05903/281, Ruhetag: Montag - Mittwoch
- 3/4) Hotel-Restaurant Fokus, Schulstraße 6-7, 48488 Emsbüren, Tel. 05903/ 93390, Ruhetag: Montag
- 3/5) Kart - Park Emsbüren, Schmiedestraße 14, 48488 Emsbüren, Tel. 05903/ 941780, Ruhetag: Montag
- 3/6) Landgasthof Evering, Lange Straße 24, 48488 Emsbüren, Tel. 05903/ 294, Ruhetag: Montag (Restaurant)
- 3/7) Querdels Hofcafe, Gleesener Hauptstraße 2, 48488 Emsbüren, Tel. 0591/ 3848, Ruhetag: Montag

Die Gemeinde Emsbüren zählt über 1.200 Jahre und ist ein wahres Schmuckstück in der Region.

Emsbüren bezaubert durch die Flussauen der Ems und die dichten Wälder in der leicht hügeligen Umgebung. Alle acht Ortsteile sind durch Radwege erschlossen und laden mit herzlicher Gastfreundschaft zum Verweilen ein.

Zu den zahlreichen Sehenswürdigkeiten gehören uralte Steingräber wie das Mehringer Großsteingrab und restaurierte Mühlen, allen voran die Enkings Mühle, in der eine Schwarzbrotbäckerei und ein Café untergebracht sind. Einen Besuch wert ist auch die Swingolfanlage am Bauernhofcafé In't Hürhus. Dort gibt es jeden Herbst ein Maislabyrinth zu bestaunen. Das Freilichtmuseum Heimathof Emsbüren spiegelt ein Stück Heimatgeschichte wieder. Besonders sehenswert ist der kreisförmig angelegte Heilkräutergarten.

Ein besonderes Highlight ist die Erlebniswelt Emsflower. In Europas „größtem Gewächshaus" lässt sich die Aufzucht zahlreicher Pflanzen bestaunen. Zu besichtigen sind außerdem ein Tropengarten sowie eine große Auswahl an Fuchsien, Rosen, Orchideen und Gemüsepflanzen. Der große Shop und drei Restaurants runden das Angebot ab.

Erlebniswelt Emsflower

Pastor un sine Koh

Heimathof Emsbüren mit Heilkräutergarten

Emsland
Spelle & Emsbüren

Rund um die Ems und den Dortmund-Ems-Kanal, zwischen Spelle und Emsbüren, gibt es jede Menge zu entdecken. Zum Beispiel die Emsländer Landhausbrauerei. Hier braut der Braumeister Spezialitäten in kleinen Mengen – mit besten Zutaten und ohne Konservierungsstoffe. Verbinden Sie Ihre Rast mit einem kühlen Dinkelbier und erfahren Sie alles Wissenswerte über die Kunst des Bierbrauens. Ganz in der Nähe liegen auch der Lünner Bürgerpark mit einem Wasserrad und der Blaue See, ein Paradies für Erholungssuchende.

Mehringer Hünensteine

In Emsbüren, im Ortsteil Mehringen, liegt die einzige Swingolfanlage im Emsland. Eine Runde „Golf für Jedermann" lässt sich mit einem Besuch im Bauernhofcafé „In't Hürhus" kombinieren. Dort lädt außerdem in jedem Sommer ein Maislabyrinth zum „Verirren" ein. Auf dem Weg in die Ortsmitte lohnt ein Stopp an den Mehringer Hünensteinen.

Emsland — Lingen (Ems)

Ein bedeutendes Zeugnis der mehr als 1.025jährigen Geschichte der Emslandmetropole ist das historische Rathaus. Seit 1555 steht es im Zentrum der alten Festungs- und Universitätsstadt und bildet noch heute den Mittelpunkt des historischen Marktplatzes mit seinen vielen Einkehrmöglichkeiten.

Im Laufe der Zeit hat sich die größte Stadt des Emslandes zu einem bedeutenden kulturellen Zentrum entwickelt. Die „Wilhelmshöhe" mit ihren Theateraufführungen und Konzerten, das Emsland-Museum und die Kunsthalle sowie das Theaterpädagogische Zentrum sprechen ein breites Publikum an. Bräuche werden in Lingen lebendig gehalten. Zahlreiche Feste wie das alle drei Jahre stattfindende Kivelingsfest oder das jährliche Altstadtfest belegen die Liebe zu Tradition und Moderne gleichermaßen.

Die Natur spielt für das Leben der Menschen eine ganz entscheidende Rolle. Ausgedehnte Wälder und die Flussauen der Ems laden zum Radeln ein und bieten Erholung vom Alltag.

Marktplatz und Historisches Rathaus

Information:

Lingen Wirtschaft & Tourismus e. V.
Neue Straße 3 a
49808 Lingen (Ems)
Tel. 0591 / 9144-144
Fax 0591 / 9144-149
touristik@lingen.de
www.lingen.de

Sehenswürdigkeiten/Ausflugsziele:

- Historisches Rathaus
- Emslandmuseum Lingen
- Kunsthalle IV
- Freizeitbad LINUS
- Theater an der Wilhelmshöhe
- Theatermuseum für junge Menschen
- Kulturforum St. Michael
- Lookentor-Passage
- Fahrgastschifffahrt auf der Ems
- Erholungsgebiet Hanekenfähr mit Wasserfall

Übernachten & Einkehren:

- 4/1) Gasthof Hense, Antoniusstraße 17, 49811 Lingen (Ems), Tel. 0591/ 610600, Ruhetag: Mittwoch
- 4/2) Hotel „Zum Märchenwald", Vennestraße 25, 49808 Lingen (Ems), Tel. 0591/ 912840, kein Ruhetag
- 4/3) Hotel Am Wasserfall, Am Wasserfall 2, 49808 Lingen (Ems), Tel 0591/ 8090, kein Ruhetag
- 4/4) Hotel Ewald, Waldstraße 90, 49808 Lingen (Ems), Tel. 0591/ 963150, Ruhetag: Sonntag
- 4/5) Hotel Hubertushof, Nordhorner Straße 18, 49808 Lingen (Ems), Tel. 0591/ 912920, kein Ruhetag
- 4/6) Hotel Kolpinghaus, Burgstraße 25, 49808 Lingen (Ems), Tel. 0591/ 912070, kein Ruhetag

Geeste

Emsland Moormuseum

Das Emsland Moormuseum in Geeste-Groß Hesepe zeigt in seiner modernen Ausstellung die Geschichte des Moores im Spannungsfeld von Natur und Technik. Die Entstehung der Moore, das harte Leben der ersten Siedler, der maschinelle Torfabbau – all dies wird hier nachvollziehbar. Auf dem Außengelände sind der Archehof mit seinen seltenen Haustierrassen und der weltgrößte Dampfpflug der Fa. Ottomeyer die Attraktionen. Im Rahmen einer Moorbahnfahrt kann das Außengelände erkundet werden.

Das Moormuseum bietet den idealen Einstieg für den Besuch im Internationalen Naturpark Bourtanger Moor – Bargerveen. Der Naturpark informiert an zahlreichen Informationsstationen, Aussichtstürmen und Erlebnispfaden über die Besonderheiten der Moore. Nähere Informationen unter www.naturpark-moor.eu.

In der „Ollen Bäckerei", ebenfalls in Groß Hesepe, zeigt die Firma Coppenrath ihr Können und entführt in die „gute alte Zeit". Hier können Gruppen selbst Plätzchen backen!

Information:
Touristikbüro der Gemeinde Geeste
Am Rathaus 3
49744 Geeste
Tel. 05937 / 69-105
Fax 05937 / 69-103
info@geeste.de
www.geeste.de

Sehenswürdigkeiten/Ausflugsziele:
- Emsland Moormuseum
- Olle Bäckerei
- St.-Antonius-Kirche

Übernachten & Einkehren:
- 5/1) Biener-Cafe, Am Treffpunkt 1, 49808 Lingen (Ems), Tel. 05907/ 93020, kein Ruhetag
- 5/2) Gasthof Brümmer, Dorfstraße 10, 49808 Lingen (Ems), Tel. 05907/ 574, Ruhetag: Mittwoch
- 5/3) Gasthof Plagge, Biener Straße 11, 49808 Lingen (Ems), Tel. 0591/ 62379, Ruhetag: Sonntag
- 5/4) Gasthof / Hotel Aepken, Wietmarscher Damm 8-12, 49744 Geeste-Dalum, Tel. 05937/ 98750, Ruhetag: Montag (Restaurant)
- 5/5) Hotel Germer-Möller, Meppener Straße 117, 49744 Geeste – Groß Hesepe, Tel. 05937/ 913346, kein Ruhetag
- 5/6) Hotel-Restaurant „Zur Krone", Osterbrocker Straße 106, 49744 Geeste, Tel. 05907/ 258, kein Ruhetag

Twist

Erdöl und Erdgas gehören zu den wichtigsten Energielieferanten unserer Zeit – und schon seit einem halben Jahrhundert werden diese Rohstoffe in Twist gefördert. Auch der großflächige Abbau von Torf zur Herstellung von Blumenerde oder Aktivkohle prägt die Gemeinde. Ebenso die Landwirtschaft, die nach Trockenlegung der Moore und Torfabbau einen Großteil der Flächen nutzte.

Doch heute kommen sie wieder: Die Moore als kostbare Lebensräume für viele vom Aussterben bedrohte Arten. Und wenn im Juni das Wollgras fruchtet und weiße Tupfer die Landschaft erleuchten, wenn im Herbst violett die Erikaheide blüht und sich im Winter Hunderte von Rastvögel auf den großen Wasserflächen niederlassen, dann erschließt sich den Radlern und Wanderern die Schönheit dieser Landschaft.

Twist liegt im Herzen des Internationalen Naturparks Bourtanger Moor – Bargerveen. Zahlreiche Informationsstationen erläutern die Besonderheiten der Region, z.B. der Moor-Energie-Erlebnispfad zwischen dem Moormuseum und dem Erdöl-Erdgas-Museum. Dieses liegt im Ortskern von Twist, neben dem Heimathaus, das für seine Jazz- und Blueskonzerte bekannt ist. Auf dem Ponyhof Niers kommen Familien mit Kindern voll auf ihre Kosten. Und auch der Garten des Nazareners lohnt einen Besuch.

Ölnicker

Moor-Erlebnispfad-Station

Information:
Gemeinde Twist
Flensbergstraße 7
49767 Twist
Tel. 05936 / 9330-0
Fax 05936 / 9330-44
info@twist-emsland.de
www.twist-emsland.de

Sehenswürdigkeiten/Ausflugsziele:
- Erdöl-Erdgas-Museum
- Heimathaus Twist
- Garten des Nazareners
- Moor-Energie-Erlebnispfad
- Wiedervernässungslehrpfad
- Barfußpfad
- Ponyhof Niers

Übernachten & Einkehren:
- 5a/1) Gasthof Backers, Kirchstraße 25, 49767 Twist-Bült, Tel. 05936/ 904770, Ruhetage: Dienstag und Samstagmittag
- 5a/2) Wiener-Cafe Wintering, Fürstenbergstraße 14, 49767 Twist, Tel. 05936/ 904380, kein Ruhetag
- 5a/3) Ferienpark + Ponyhof Niers, Neuringe 19, 49767 Twist, Tel. 05936/ 2239, kein Ruhetag

Geeste

Segeln auf dem Geester See

Der Geester See hat sich in den letzten Jahren zu einem Wassersportparadies speziell für Segler, Surfer und Taucher entwickelt. Der breite Sandstrand lädt im Sommer viele Badegäste ein. Auf der Deichkrone rund um den See lässt sich Radeln, Scaten und Spazieren gehen. Viele lassen in der sanften Brise ihre Drachen steigen. Nördlich vom See liegt das Biotop, das vielen seltenen Tierarten, vor allem Wasservögeln, ein sicheres Revier bietet. Im Herbst und Frühjahr rasten hier zahlreiche Zugvögel.

Der Kräuterhof Rosen, im Ortsteil Bramhar idyllisch im Wald gelegen, ist ein besonderer Ausflugstipp. Garten und Café lassen aufatmen. Im hofeigenen Laden werden Kräuterspezialitäten angeboten.

Information:
Touristikbüro der Gemeinde Geeste
Am Rathaus 3
49744 Geeste
Tel. 05937 / 69-105
Fax 05937 / 69-103
info@geeste.de
www.geeste.de

Sehenswürdigkeiten:
- Biotop
- Geester Speichersee
- Trink-Wasser-Erlebnispfad
- Kräuterhof Rosen

Übernachten & Einkehren:
- 5b/1) Kräuterhof Rosen, Zum Wald 12, 49744 Geeste, Tel. 05963/ 981060, Ruhetag: Montag
- 5b/2 Gasthof Niemann „Zum Sportlereck", Bramharstraße 3, 49811 Lingen (Ems), Tel. 05963/ 222, Ruhetag: Mittwoch

Kräuterspezialitäten aus dem Hofladen

Meppen

Emsland

Information:
Tourist Information Meppen (TIM) e.V.
Markt 4
49716 Meppen
Tel. 05931 / 153-106
Fax 05931 / 153-330
tim@meppen.de
www.meppen-tourismus.de

Sehenswürdigkeiten/Ausflugsziele:
- Historische Altstadt mit Rathaus
- Gymnasialkirche
- Freilichtbühne Meppen
- Kunstzentrum Koppelschleuse mit Archäologiemuseum
- Stadtmuseum
- Höltingmühle
- St. Vitus Kirche in Bokeloh
- Carlos Car World

Übernachten & Einkehren:
- 6/1) Altes Gasthaus Giese, Römerstraße 1, 49716 Meppen, Tel. 05931/ 6610, Ruhetag: Montag
- 6/2) Altstadt-Hotel, Nicolaus-Augustin-Straße 3, 49716 Meppen, Tel. 05931/ 93200, kein Ruhetag
- 6/3) Bauerngasthof Übermühlen, Übermühlen 8, 49716 Meppen, Tel. 05931/ 2805, Ruhetag: Mittwoch
- 6/4) Ferienwohnungen A. u. H. Kleinpaß, Teglinger Hauptstraße 2, 49716 Meppen-Teglingen, Tel. 05931/ 2867, kein Ruhetag
- 6/5) Hotel Fischer, Schwefinger Straße 96, 49716 Meppen, Tel. 05931/ 12042, kein Ruhetag
- 6/6) Hotel Schmidt Am Markt, Markt 17, 49716 Meppen, Tel. 05931/ 98100, kein Ruhetag
- 6/7) Hotel Tiek, Junkersstraße 2, 49716 Meppen, Tel. 05931/ 495290, Ruhetag: Sonntag
- 6/8) Hotel-Restaurant Albers „Am Hasetal", Am Kirchberg 3, 49716 Meppen, Tel. 05931/ 2661, Ruhetag: Dienstag (nur Restaurant)
- 6/9) Parkhotel an der Freilichtbühne, Lilienstraße 21, 49716 Meppen, Tel. 05931/ 97900, kein Ruhetag
- 6/10) Ferienhof Brüning, Landwehr 64, 49716 Meppen, Tel. 05931/ 13489, kein Ruhetag
- 6/11) Restaurant Höltingmühle/ New Art of Cooking, Am Nachtigallenwäldchen 2 a, 49716 Meppen, Tel. 05931/4969804, kein Ruhetag

Stadt am Wasser – Stadt im Grünen. Dieser Slogan passt zur Stadt Meppen, die am Zusammenfluss von Hase, Ems und Dortmund-Ems-Kanal liegt. Auf dem grünen Stadtwall kann Meppen zu Fuß umrundet werden. Sehenswert ist die historische Altstadt mit dem Alten Rathaus, der barocken Gymnasialkirche und der Arenbergischen Rentei, in der das Stadtmuseum untergebracht ist. Auf dem Rad und auf dem Wasser lassen sich Ausflugsziele entdecken, z.B. die Höltingmühle, die alte Kirche in Bokeloh, das Archäologiemuseum oder die Freilichtbühne, die jeden Sommer Musiktheater für Groß und Klein auf dem Programm hat. Das lebendige Städtchen verbindet Lebensqualität, Gastfreundschaft und Naturnähe auf ideale Weise. Stadtführungen mit dem Nachtwächter, Kräuterspaziergänge, exklusive Fahrradtouren, z.B. in die benachbarten Niederlande, und viele Festivitäten sorgen für Kurzweil und Urlaubsvergnügen.

Historisches Rathaus

Emsland

Haren (Ems)

Information:
Touristikverein Haren (Ems) e.V.
Neuer Markt 1
49733 Haren (Ems)
Tel. 05932 / 71313
Fax 05932 / 71315
touristinfo@haren.de
www.haren.de

Sehenswürdigkeiten/Ausflugsziele:
- Mersmühle mit Mühlenmuseum
- Schifffahrtsmuseum
- Ferienzentrum Schloss Dankern mit Freizeitsee
- Erlebnisbad TOPAS
- Golfpark Gut Düneburg
- Emsland-Dom St. Martinus
- Emsfahrten mit Fahrgastschiff „Amisia"
- Bagger-Park
- Maislabyrinth und Bauerngolf Meutstege
- Haus Landegge mit Burgkapelle

Übernachten & Einkehren:
- 7/1) Landhaus Hubertushof, Kuhfehnweg 12, 49716 Meppen-Hüntel, Tel. 05932/ 2904, kein Ruhetag
- 7/2) Altharener Pension Imholte, Claudiusstraße 7, 49733 Haren (Ems), Tel. 05932/ 1748, kein Ruhetag
- 7/3) Ferien- & Freizeithof Meutstege, Hebel 28, 49733 Haren (Ems), Tel. 05932/ 2496, Ruhetage vom 1.11. – 31.3.: Mo, Di, Do und Fr
- 7/4) Hotel + Restaurant Hagen, Wesuweer Straße 40, 49733 Haren (Ems), Tel. 05932/ 72990, kein Ruhetag
- 7/5) Hotel Greive, Nordstraße 10, 49733 Haren (Ems), Tel. 05932/ 72770, kein Ruhetag
- 7/6) Hotel Mäsker, Dorfstraße. 83, 49733 Haren (Ems), Tel. 05934/ 934567, Ruhetag: Dienstag
- 7/7) Pension Balcke, Am Wall 10, 49733 Haren (Ems), Tel. 05932/ 1571, kein Ruhetag
- 7/8) Restaurant Zur Ems, Emmelner Straße 2, 49733 Haren (Ems), Tel. 05932/ 6403, Ruhetag: Montag außer feiertags
- 7/9) Ferienhof & Reitanlage Gut Landegge, Landegge 1, 49733 Haren (Ems), Tel. 05932/ 1221, kein Ruhetag

Haren (Ems) ist seit Jahrhunderten von der Seefahrt geprägt. Noch heute sind in der traditionsreichen Stadt 50 Binnenschiffe und 170 See- und Küstenschiffe beheimatet. Die Geschichte Harens wird im Schifffahrtsmuseum aber auch im Mühlenmuseum mit seiner Mersmühle anschaulich aufbereitet. Wahrzeichen der Stadt ist der Emsland-Dom St. Martinus, dessen Kuppel schon von weitem die Besucher grüßt. Radwanderer finden ein dichtes Wegenetz, das bis in die Niederlande führt.

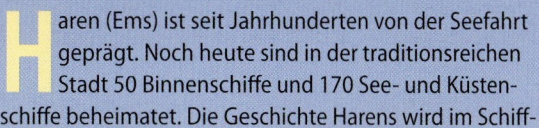
Schifffahrtsmuseum

Emsland-Dom

Die „Schifferstadt" liegt umgeben von ausgedehnten Wald-, Moor- und Heidelandschaften im Herzen des Emslandes. Kein Wunder, dass drei historische Herrenhäuser zu touristischen Zentren umgebaut wurden. Allen voran das Ferienzentrum Schloss Dankern mit seinen zahlreichen Ferienhäusern und Spielmöglichkeiten für jedes Wetter. Gut Düneburg bietet Golfsportlern optimale Bedingungen und auf Haus Landegge sind Familien mit reitbegeisterten Kindern genau richtig.

Lathen

Marktbrunnen

Hoch zu Ross – Urlaub auf dem Ferienhof

Transrapid TR09

Zusammen mit seinen Mitgliedsgemeinden Fresenburg, Niederlangen, Oberlangen, Renkenberge und Sustrum hat Lathen vieles zu bieten. Romantische Waldwege, glasklare Fischgewässer, die zum Angeln einladen, und ausgezeichnete Rad- und Reitwege machen einen Besuch unvergesslich. Hier lässt sich die Natur ganz unbeschwert genießen. Vor allem pferdebegeisterte Jugendliche sind auf den großen Ponyhöfen bestens aufgehoben.

Die romantischen Altarme der Ems laden zum Verweilen ein. Die Hilter Mühle und das Heimathaus Oberlangen mit seiner bäuerlichen Wohnkultur aus dem 19. Jahrhundert warten darauf, entdeckt zu werden. In Lathen schlägt auch das Herz der modernen Magnetbahntechnik. Es gibt umfassende Informationen zu den Eigenschaften der hochmodernen Technologie des Transrapid.

Information:
Gäste-Info-Service Lathen
Große Straße 3
49762 Lathen
Tel. 05933 / 66-47
Fax 05933 / 66-77
gaeste-info@lathen.de
www.lathen.de

Sehenswürdigkeiten/Ausflugsziele:
- Transrapid-Informationszentrum
- Hilter Mühle
- Heimathaus Oberlangen

Übernachten & Einkehren:
- 8/1) Landgasthaus Zur Emsbrücke, Latherfähr 6, 49762 Lathen/ Niederlangen, Tel. 05933/ 8597, kein Ruhetag
- 8/2) Hofcafé Eiken „Zur Erdhütte", Sustrumer Straße 11, 49779 Niederlangen, Tel. 05939/ 227, Ruhetag: Montag und Dienstag
- 8/3) Hotel & Campingplatz Lathener Marsch, Marschstraße 4, 49762 Lathen, Tel. 05933/ 934510, kein Ruhetag
- 8/4)Hotel Forsthaus Garni, Niederlangener Straße 4, 49762 Lathen, Tel. 05933/ 8815, kein Ruhetag
- 8a/1 Gaststätte Zur Hilter Mühle, Hilterberg 5, 49762 Lathen, Tel. 05933/ 8891, Ruhetag: Montag

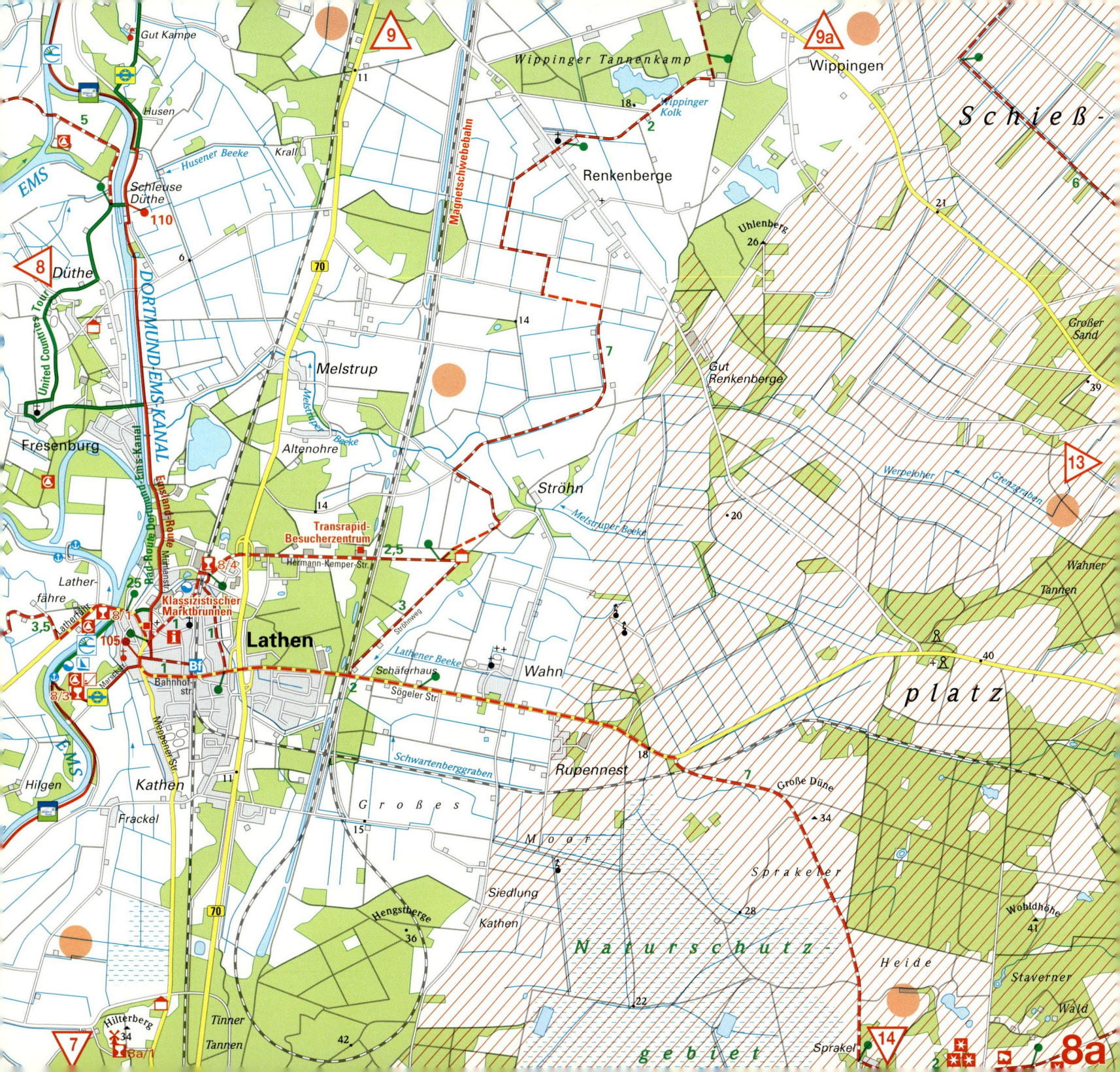

Dörpen

Eingebettet in eine weite, offene Landschaft liegt Dörpen mit den Mitgliedsgemeinden Dersum, Heede, Kluse, Lehe, Neulehe, Neubörger, Walchum und Wippingen.

Reizvolle Kontraste zwischen Natur, Geschichte und moderner Gegenwart prägen die Samtgemeinde im Nordwesten des Emslandes. Weit verzweigte Rad- und Wanderwege erschließen Angelplätze, Naturdenkmäler und historische Stätten. Dazu gehören die Leher Pünte, die einzige seilgebundene Fähre auf der schiffbaren Ems, die 1000jährige Linde in Heede oder die holländische Durchfahrtsmühle in Wippingen.

Für alle, die das Wasser lieben, ist Dörpen ein idealer Urlaubsort. Mit der Ems, der Dever, dem Dortmund-Ems-Kanal und dem Küstenkanal laden gleich vier Wasserstraßen ein zu Erholung und Aktivitäten an und auf dem kühlen Nass.

In Zusammenarbeit mit der Weltfirma Nordland Papier, die in Dörpen ansässig ist, wurde ein besonderes Museum aufgebaut: Die PapierWelt Dörpen. Nicht versäumen!

1000jährige Linde

Wippinger Mühle

Heimathaus Dörpen

Information:
Touristikverein Samtgemeinde Dörpen e. V.
Hauptstraße 25 a
26892 Dörpen
Tel. 04963 / 909614
Fax 04963 / 909613
info@doerpen-touristik.de
www.doerpen-touristik.de

Sehenswürdigkeiten/Ausflugsziele:
- PapierWelt Dörpen
- Informationszentrum „Transrapid" mit Besucherhügel
- Dünenbad Dörpen
- Durchfahrtsmühle Wippingen
- 1.000jährige Linde
- Naherholungsgebiet Heeder See mit Wasserski- und Freizeitanlage
- Gebetsstätte Heede
- Marinapark Emstal
- Leher Pünte

Übernachten & Einkehren:
- 9/1) Hotel Borchers, Neudörpener Straße 50, 26892 Dörpen, Tel. 04963/ 91930, Ruhetag Restaurant: Samstag (November - April)
- 9/2) Hotel Zur Linde, Dörpener Straße 1, 26892 Heede, Tel. 04963/ 91690, kein Ruhetag
- 9/3) Marinapark Emstal mit „Hafencafé", Steinbilderstraße 80, 26907 Walchum, Tel. 04963/ 910810, Ruhetag: In Wintermonaten von Montag bis Donnerstag geschlossen.
- 9/4) Bäckerei Georg Flint, Hauptstraße 14, 26892 Heede, Tel. 04963/ 351, kein Ruhetag

Rhede (Ems)

In der Weite des nördlichen Emslandes, unmittelbar an der niederländischen Grenze, liegt die Gemeinde Rhede (Ems). Bäuerliche Traditionen und eine schöne Landschaft laden zum Durchatmen und Erholen ein. Zu Rhede gehören die Gemeindeteile Borsum, Brual und Neurhede. Ein besonderer Anziehungspunkt ist die Alte Rheder Kirche.

Landwirtschaftsmuseum

Alte Rheder Gedächtniskirche

Prägend für die Gemeinde ist die Emsniederung, ein großes, artenreiches Feuchtgebiet, das unter Naturschutz steht. Die „Emsauen" bieten vom Aussterben bedrohten Tierarten einen sicheren Lebensraum, Zugvögeln eine gute Rastmöglichkeit und den Besuchern wunderbare Natureindrücke.

Ein Besuch im Landwirtschaftsmuseum entführt die Besucher in die Zeit, als die Bauern ihre Arbeit noch ohne die Kraft von Motoren und Maschinen verrichten mussten.
Das Museum ist als besonders kinderfreundlich zertifiziert und beheimatet zusätzlich ein Café.

Information:
Touristikagentur Rhede (Ems)
Emsstraße 15
26899 Rhede (Ems)
Tel. 04964 / 1800
Fax 04964 / 959110
museum@rhede-ems.de
www.Rhede-Ems.de

Sehenswürdigkeiten/Ausflugsziele:
- Landwirtschaftsmuseum Rhede (Ems)
- Alte Rheder Kirche
- Naturschutzgebiet Emsauen

Übernachten & Einkehren:
- 10/1) Gasthof Vosse-Schepers, Emsstraße 4, 26899 Rhede (Ems), Tel. 04964/ 275, kein Ruhetag
- 10/2) Gasthof-Cafe Prangen, Kirchstraße 25, 26899 Rhede (Ems), Tel. 04964/ 215, Ruhetag: Montag
- 10/3) Lazy Horse Ranch, Raiffeisenstraße 11, 26899 Neurhede, Tel. 04964/ 595, kein Ruhetag
- 10/4) Gasthof Tepe, Emdener Straße 48, 26871 Aschendorf, Tel. 04962/ 914044, Ruhetag: Montag u. Dienstag
- 10/5) Hotel-Restaurant Emsblick, Fährstraße 31, 26871 Papenburg-Herbrum, Tel. 04962/ 91300, kein Ruhetag

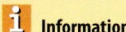 Emsland

Papenburg

Information:
Papenburg Tourismus GmbH
Ölmühlenweg 21
26871 Papenburg
Tel. 04961 / 8396-0
Fax 04961 / 8396-96
info@papenburg-tourismus.de
www.papenburg-tourismus.de

Sehenswürdigkeiten/Ausflugsziele:
- Meyer Werft
- Zeitspeicher
- Von-Velen-Anlage (Freilichtmuseum)
- Historisches Rathaus mit Brigg Frederike
- Papenburger Hafenrundfahrten
- Dokumentations- und Informationszentrum (DIZ) Emslandlager
- Orchideenfarm Kasten
- Meyers Mühle
- Bockwindmühle

Im Ortsteil Aschendorf:
- Gut Altenkamp

Übernachten & Einkehren:
- 11/1) Café-Restaurant Mozart, Hauptkanal links 56, 26871 Papenburg, Tel. 04961/ 6838, kein Ruhetag
- 11/2) Fischhaus Smutje, Hauptkanal links 14, 26871 Papenburg, Tel. 04961/ 992028, kein Ruhetag
- 11/3) Hotel Altes Gasthaus Kuhr, Hauptkanal rechts 62, 26871 Papenburg, Tel. 04961/ 66430, Ruhetag: Restaurant am Samstag ab 15 Uhr
- 11/4) Hotel Aquamarin, Feilings Goarden 7, 26871 Papenburg, Tel. 04961/ 66450, kein Ruhetag
- 11/5) Hotel-Restaurant Engeln GmbH, Mittelkanal rechts 97, 26871 Papenburg, Tel. 04961/ 8990, kein Ruhetag
- 11/6) Hotel Graf Luckner, Hümmlinger Weg 2-4, 26871 Papenburg, Tel. 04961/ 76057, kein Ruhetag
- 11/7) Hotel Hilling, Mittelkanal links 94, 26871 Papenburg, Tel. 04961/ 97760, Ruhetag: Restaurant am Sonntagabend
- 11/8) Hotel Walker, Borkumer Straße 36, 26871 Papenburg, Tel. 04961/ 2502, kein Ruhetag
- 11/9) Hotel Windjammer, Am Vosseberg 84, 26871 Papenburg, Tel. 04961/ 97720, Ruhetag: Sonntag
- 11/10) Kolpinghaus Papenburg, Kirchstraße 18, 26871 Papenburg, Tel. 04961/ 667992, kein Ruhetag
- 11/11) Park Inn Papenburg, Hauptkanal rechts 7, 26871 Papenburg, Tel. 04961/ 66400, kein Ruhetag
- 11/12) Wirtshaus am Zeitspeicher, An der alten Werft 9, 26871 Papenburg, Tel. 04961/ 8099935, kein Ruhetag

Papenburg ist die nördlichste Stadt des Emslandes und grenzt unmittelbar an Ostfriesland. Sie ist die älteste und längste Fehnkolonie (Moorsiedlung) Deutschlands. Auf über 40 Kilometern durchziehen gepflegte Kanäle die Stadt. Über romantische Zug- und Klappbrücken – im Sommer blumengeschmückt - sind die Ufer miteinander verbunden. Auf den Kanälen ankern Nachbauten historischer Schiffe aus dem 18. und 19. Jahrhundert und verbreiten maritimes Flair.

Museumsschiff Brigg Friederike vor dem historischen Rathaus

Meyer Werft - Ausdockung eines Aida-Schiffes

Weit über die Stadtgrenzen hinaus ist die Papenburger Meyer Werft bekannt. In dem 370 Meter langen Trockendock entstehen gigantische Ozeanriesen, die von hier aus die Welt erobern. Wer sich für die Anfänge Papenburgs interessiert, sollte die Von-Velen-Anlage, ein kleines Freilichtmuseum, besuchen. Eine Übersicht über die Stadtgeschichte sowie die technischen Highlights in Papenburg liefert interaktiv und unterhaltsam der „Zeitspeicher" auf dem Gelände der Alten Werft. Das Ausstellungszentrum Gut Altenkamp im Ortsteil Aschendorf zeigt hochkarätige Ausstellungen

Emsland

Nordhümmling

Wer die Natur liebt, gern wandert und Rad fährt und zudem eine einmalige Tier- und Pflanzenwelt genießen möchte, ist in der jungen Samtgemeinde Nordhümmling mit ihren Gemeinden Esterwegen, Bockhorst, Breddenberg, Hilkenbrook und Surwold genau richtig. Schließlich sind die Gemeinden Surwold und Esterwegen staatlich anerkannte Erholungsorte.

Moor-Erlebnispfad

Kletterwald Surwold

Im Erholungsgebiet „Surwold's Wald" warten Klettergarten, Riesenrutsche und Märchenwald auf große und kleine Besucher. Gut rasten lässt es sich am Yachthafen. In Esterwegen führt Frosch „Esti" über den Moor-Erlebnispfad, der ganz in der Nähe des Freizeitsees „Erikasee" liegt.

Information:
Info-Zentrum Gemeinde Esterwegen
Dorfplatz 2
26897 Esterwegen
Tel. 05955 / 902378
Fax 05955 / 902376
info@nordhuemmling.de
www.esterwegen.de

Gemeinde Surwold
Hauptstraße 75
26903 Surwold
Tel. 04965 / 9131-0
Fax 04965 / 9131-99
info@surwold.de
www.surwold.de

Sehenswürdigkeiten/Ausflugsziele:

Gemeinde Esterwegen
- Moorgebiet: Esterweger Dose mit Moorerlebnispfad Nord und Süd
- Naherholungsgebiet Erikasee
- Gedenkstätte

Gemeinde Surwold
- Erholungsgebiet Surwold's Wald mit Kletterwald, Märchenpark und Sommerrodelbahn
- Surwolder Freizeitsee
- Gedenkstätte

Übernachten & Einkehren:

Gemeinde Esterwegen
- 12/1) Borchers Idylle GmbH (Café und Pflanzenverkauf), Industriestraße 1, 26903 Surwold, Tel. 04965/ 91110, Ruhetag: Öffnungszeiten des Cafés sind abhängig vom Monat.
- 12/2) Waldhotel Surwold, Waldstraße 30, 26903 Surwold, Tel. 04965/ 91390, kein Ruhetag
- 12a/1) Hotel Graf Balduin, Am Sportpark 1, 26897 Esterwegen, Tel. 05955/ 20200, Ruhetag: jeden 1. Sonntag im Monat ab 18 Uhr geschlossen
- 12a/2) Gaststätte Zur alten Post
- 12a/3) Ferienwohnungen/ Ferienhaus Köß, Ansprechpartner: Gesina Köß, Heidbrücker Straße 6, 26897 Esterwegen, Tel. 05955/ 2532, kein Ruhetag

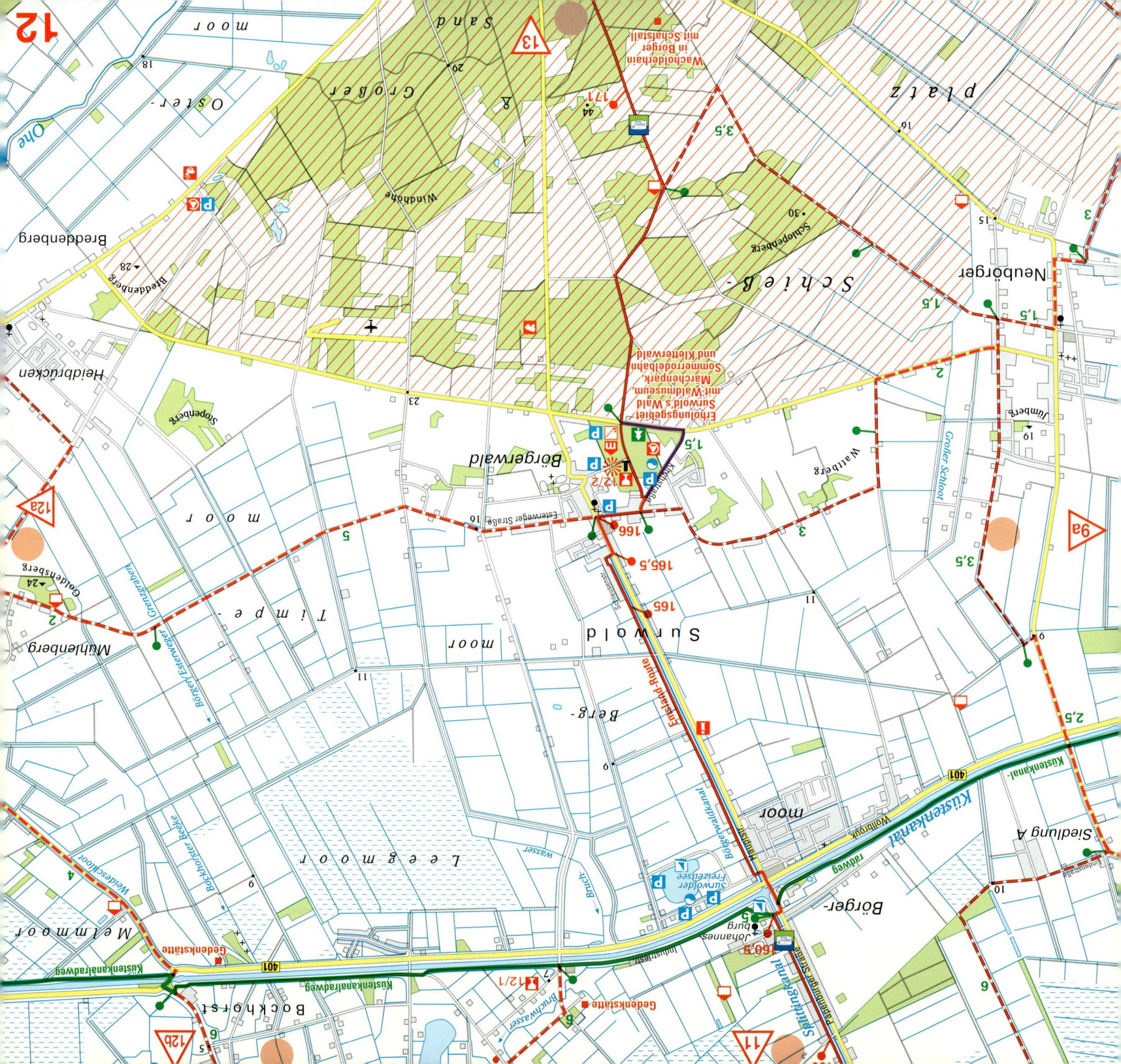

Schloss Dankern

Emsland

Emsland – Familienland

Was ist eigentlich ein echter Familienurlaub? Wenn Kinder morgens voller Vorfreude das Ferienhaus verlassen, und abends glücklich, müde und mit dreckiger Jeans wiederkommen. Wenn Eltern ganz ohne schlechtes Gewissen auf der Liege unterm Weidenbaum faulenzen. Wenn der Vater mit dem Sohn ein Kanu mietet. Wenn die Mutter mit der Tochter zu einem Ritt an der Ems aufbricht. Wenn die ganze Familie im Tretboot über den Badesee schippert oder die Riesenrutsche im Spaßbad heruntersaust.

Im Emsland sind viele Kinder zu Hause! Klar, dass sich auch die Gastgeber auf die kleinen Gäste eingestellt haben. Allen voran das Ferienzentrum Schloss Dankern. Die zahlreichen Spiel- und Freizeitmöglichkeiten lassen keine Langeweile aufkommen. Klettergarten, Riesenrutsche, Pony-Reiten und – sollte es doch mal regnen - Spaßbad, Spielwelt und Kino bieten genügend Abwechslung.

Echten Familienanschluss gibt es auf den zahlreichen Bauern- und Reiterhöfen im Emsland. Treckerfahren mit dem Bauern, Milch, die nicht aus der Packung kommt – übrigens, Kühe sind gar nicht lila – Joghurt mit frischen Beeren, selbstgepflückt, Stockbrot am Lagerfeuer, Angeltouren, Kutschfahrten oder das eigene Ferienpony – im Emsland bleiben keine Wünsche offen.

Welche Gastgeber oder Erlebniswelten sich ganz besonders für Kinder stark machen, zeigt das neue Qualitätssiegel „Familienland Emsland", für das die Piratenkinder Jack und Jenny stehen. Sie zeigen den Gästen: Alle ausgezeichneten Betriebe erfüllen besondere Standards in Sachen Sauberkeit, Sicherheit und Service. Und wenn die Eltern mal zu einem Museumsbesuch oder einer Tour auf dem Emsland-Netz aufbrechen möchten? Kein Problem! Unsere Familienzentren, die tagtäglich die Kinder im Emsland betreuen, nehmen auf Anfrage auch die Urlaubskinder in ihre Obhut. ● www.emsland.com

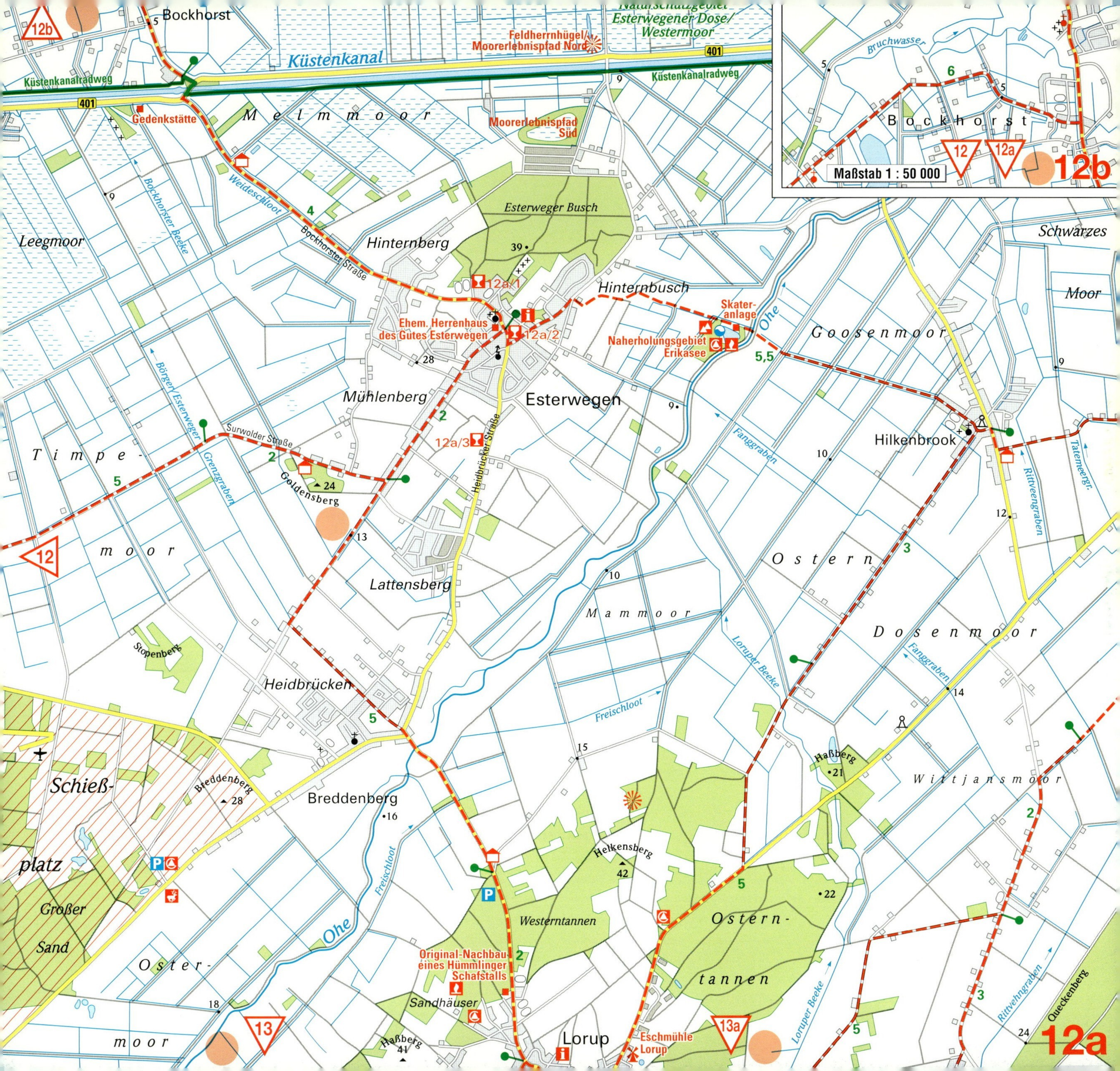

12b
Bockhorst
Naturschutzgebiet Esterwegener Dose/ Westermoor
Feldherrnhügel/ Moorerlebnispfad Nord
Küstenkanal
401
Küstenkanalradweg
Gedenkstätte
M e l m m o o r
Moorerlebnispfad Süd
Weideschloot
Bockhorster Beeke
Bockhorster Straße
Leegmoor
Esterweger Busch
Hinternberg
39
12a/1
Hinternbusch
Skater-anlage
Ohe
Ehem. Herrenhaus des Gutes Esterwegen
12a/2
Naherholungsgebiet Erikasee
5,5
G o o s e n m o o r
28
Mühlenberg
Esterwegen
Börger/Esterweger Grenzgraben
Surwolder Straße
T i m p e -
m o o r
12a/3
Heidbrücker Straße
Goldensberg
24
13
12
Fanggraben
Hilkenbrook
Rittveengraben
Tatemeergr.
Lattensberg
O s t e r n
M a m m o o r
10
D o s e n m o o r
Stopenberg
Heidbrücken
Loruper Beeke
14
Freischloot
15
Schieß-
platz
Breddenberg
28
16
Haßberg
21
W i t t j a n s m o o r
Helkensberg
42
22
Großer
Sand
Westerntannen
O s t e r n -
t a n n e n
Ohe
O s t e r -
Original-Nachbau eines Hümmlinger Schafstalls
Sandhäuser
18
13
m o o r
Haßberg
41
Lorup
Eschmühle Lorup
13a
Rittvehngraben
Queckenberg
24
12a
Bruchwasser
6
Maßstab 1 : 50 000

Emsland

Sögel

Information:
Tourist-Information Sögel
Schlaunallee 1
49751 Sögel
Tel. 05952 / 9680990
Fax 05952 / 9680999
tourist-info@soegel.de
www.soegel.de

Sehenswürdigkeiten/Ausflugsziele:
- Schloss Clemenswerth mit Schlosskapelle und Klostergarten
- Hünengräberstraße des Hümmling
- Hüvener Mühle
- Tierpark Eisten
- Batakhaus
- Wassermühle Bruneforth

Übernachten & Einkehren:
- 13/1) Jansen`s Hotel Clemenswerther Hof, Clemens-August-Straße 33, 49751 Sögel, Tel. 05952/ 1230, Ruhetag: Montag (Ausnahme: Sommermonate ab 18 Uhr geöffnet)
- 13/2) Restaurant-Café Hümmlinger Teestuben, Loruper Weg 2, 49751 Sögel, Tel. 05952/ 700, Ruhetag: Mittwoch
- 13/3) Sögeler Schloss-Grill GbR, Schlaunallee 6, 49751 Sögel, Tel. 0171/ 7709405, kein Ruhetag

Die Samtgemeinde Sögel mit ihren Mitgliedsgemeinden Börger, Groß Berßen, Hüven, Spahnharrenstätte, Stavern und Werpeloh verspricht Erholung und ein breit gefächertes Freizeitangebot – für Gruppen, Familien und Individualisten. Herausragende Sehenswürdigkeiten laden zu einer Zeitreise ein. Zeugen aus der Steinzeit sind die 4000 Jahre alten Großsteingräber, die zur neuen Ferienstraße der Megalithkultur gehören. Ein Juwel aus der Zeit des Barock ist das Jagdschloss Clemenswerth mit seinen anmutigen Pavillons und imposanten Alleen. Und eine der in Europa seltenen kombinierten Wind- und Wassermühlen steht in Hüven.
Radler und Reiter finden ideale Wege, und auch die Wanderer können auf dem Hünenweg oder Hümmlinger Pilgerpfad ganz naturnah durch Wälder, Felder und Moore streifen.

Grabhügelfeld Mansenberge

Hüvener Mühle

Großer Westerberg
Wacholderhain in Börger mit Schafstall
12
Großer Sand
Oster-moor
12a
Ohe
Freischloot
Börger
Ostermühle Börger
Nordkamp
Börgermühle
Schieß-
Ochsenberg
Dosteld
Sunderberg
Kavenberg
Harrenstätter Sand
Klöber
Klingenberg
Großer Sand
Harrenstätter
Klöbertannen
Emsland-Route
Lüttker Sand
Hamberg
13a
Heide
Herren-holz
Windberg
Hohenklinken
8a
Steinkreis Werpeloh
Werpeloh
Hedwigenstein
Harrenstätte
Batak Haus
Wahner
Tannen
Spahn
Spahnharrenstätte
platz
Glocken-
schlag
Spahner
Südholz
Meltruper Beeke
Jägerhof
Wahner Straße
Naturdenkmal
Spahner Straße
Sigiltra Straße
Wehner Graben
Dose
Geest-Radweg
Theiken-meer
Naturschutz-gebiet Theikenmeer
nur Güterverkehr
Erdölgebiet
Ostenwalde
Schloss Clemenswerth
Sprakeler Straße
Berssener Str.
Bf
14
Sögel
Waldhöhe Eisten
Horst
Staverner Wald
Gut Sprakelerwald
Großsteingrab Ostenwalde
14a
Erdölwerk
13

Emsland

Werlte

Wunderschöne Wanderwege, ausgedehnte Reitpfade und attraktive Radrouten warten in der Samtgemeinde Werlte darauf, erobert zu werden, denn mit ihren Mitgliedsgemeinden Lahn, Lorup, Rastdorf und Vrees ist die Gemeinde Werlte ein Dorado für Naturliebhaber.

Das Naturschutzgebiet „Theikenmeer" ist Heimat für seltene Vögel, Schmetterlinge und Libellen, die von einem Aussichtsturm zu beobachten sind. Auch der über 2000 Hektar große Eleonorenwald in Vrees – übrigens eines der schönsten Dörfer Niedersachsens – und die Wälder des Hümmlings versprechen Aufatmen in der Natur.

In Werlte bezeugen steinzeitliche Gräber und Bodenfunde, dass diese Gegend schon früh besiedelt war. Das längste bronzezeitliche Steingrab Nordeuropas „De hoogen Stainer" (27,5 m lang) befindet sich zwischen den Gemeinden Werlte und Rastdorf.

Für einen Moment der stillen Einkehr bietet sich der Bibelgarten in Werlte an. Pflanzen aus der Bibel, ihre Heil- und Symbolkraft stehen im Mittelpunkt dieses außergewöhnlichen Ortes.

Bibelgarten

Kreutzmanns Mühle

Information:
Werlte Touristik
Marktstraße 1
49757 Werlte
Tel. 05951 / 988147
Fax 05951 / 988148
werlte.touristik@ewetel.net
www.werlte.de

Sehenswürdigkeiten/Ausflugsziele:
- Bibelgarten
- Kreutzmanns Mühle
- Großsteingrab De hoogen Stainer
- Großsteingrab Ostenwalde
- Naturschutzgebiet Theikenmeer
- Dorfteich Vrees mit altem Backhaus

Übernachten & Einkehren:
- 13a/1) Hotel Cramer bed & breakfast, Poststraße 12, 49757 Werlte, Tel. 05951/ 5749, kein Ruhetag

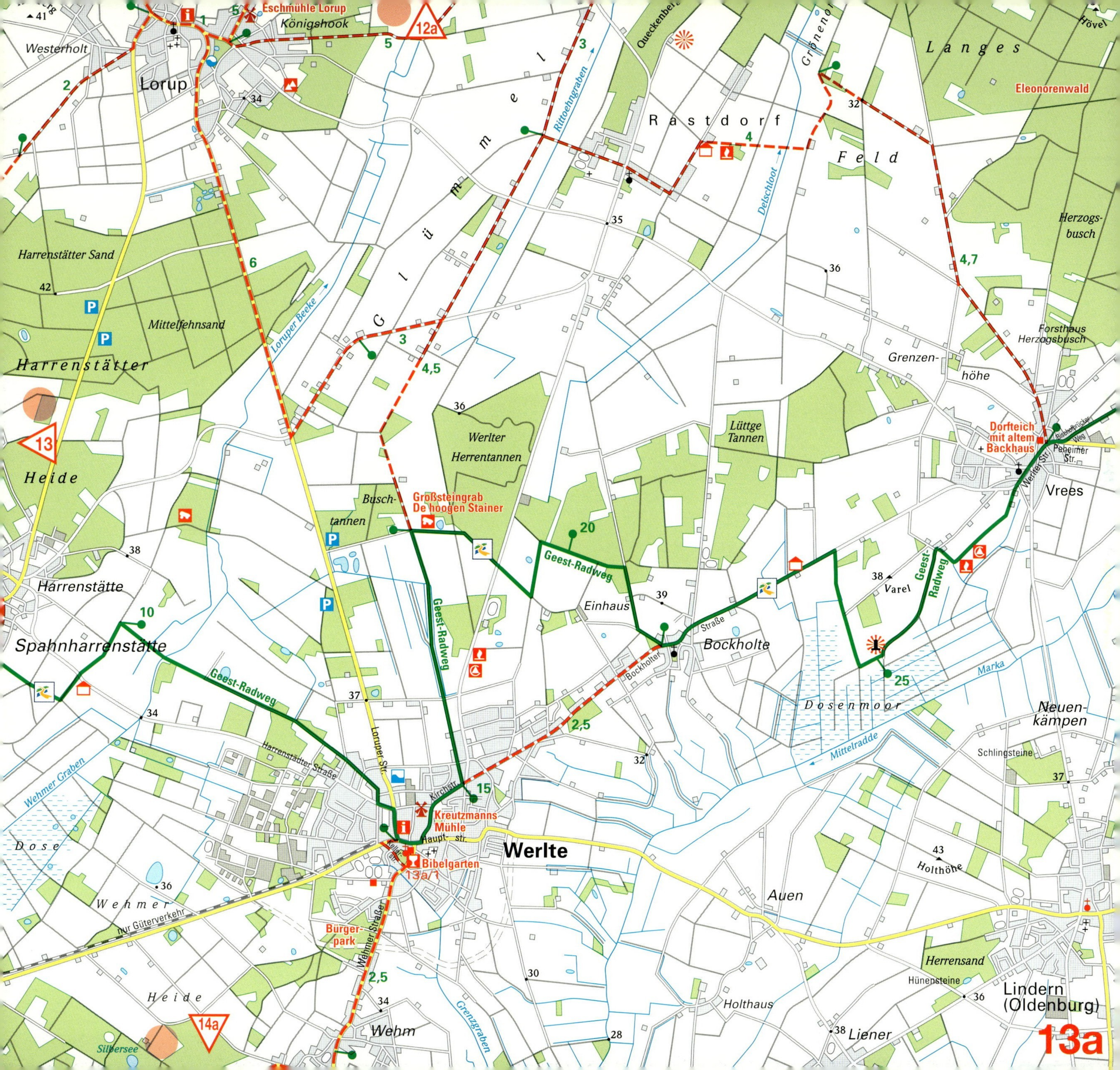

13a
Werlte
Lorup
Eschmühle Lorup
Königshook
12a
Westerholt
Rastdorf
Feld
Langes
Eleonorenwald
Hövel
Queckenberg
Rittoehngraben
Delschloot
Grönenol
Glümmel
Herzogsbusch
Forsthaus Herzogsbusch
Grenzenhöhe
Harrenstätter Sand
Mittelfehnsand
Harrenstätter
Heide
13
Loruper Beeke
Werlter Herrentannen
Lüttge Tannen
Dorfteich mit altem Backhaus
Vrees
Werlter Str.
Peheimer Str.
Busch-tannen
Großsteingrab De hoogen Stainer
Geest-Radweg
Einhaus
Varel
Bockholte
Bockholter Straße
Harrenstätte
Spahnharrenstätte
Dosenmoor
Marka
Neuen-kämpen
Schlingsteine
Mittelradde
Harrenstätter Straße
Loruper Str.
Kirchstr.
Kreutzmanns Mühle
Haupt-str.
Bibelgarten
13a/1
Wehmer Graben
Dose
Wehmer
nur Güterverkehr
Auen
Holthöhe
Bürger-park
Wehmer Straße
Heide
14a
Silbersee
Wehm
Grenzgraben
Holthaus
Herrensand
Hünensteine
Lindern (Oldenburg)
Liener

Serviceangebote

Emsland-Koffer-Taxi – Radeln ohne Gepäck

Schnell, bequem und zuverlässig, so arbeitet das Koffer-Taxi im Emsland. Für nur 7,- € pro Person und Strecke werden innerhalb des Emslandes Gepäckstücke bis 20 kg transportiert. Dieser Service gilt täglich von April bis Oktober. Sie geben Ihr Gepäck einfach bis 9 Uhr an der Rezeption Ihres Übernachtungshotels ab und erhalten es ab 17 Uhr an der Rezeption Ihres nächsten Quartiers wieder. In der Saison von April bis Oktober sind auch kurzfristige Anmeldungen für den nächsten Tag möglich über 05931 / 442266 (Mo – Fr bis 17.30 Uhr, Sa bis 13 Uhr). Zwischen November und März wird der Transfer auf Anfrage angeboten. Transporte außerhalb des Emslandes ebenfalls auf Anfrage.

EmsLandRad-Verleih – pures Radvergnügen

An 12 Stationen können Radler das EmsLand-Rad ausleihen. Das speziell entwickelte Markenrad verfügt über eine technisch hochwertige Ausstattung und ein ansprechendes Design – ein dynamisches, sportliches und funktionales Rad. Zusammen mit dem Rad erhalten Sie eine Gepäcktasche pro Rad und zur Sicherheit mindestens ein kleines Reparaturset pro Gruppe.

emsland.com – Umfangreiche Zusatzinfos im Netz

Zu allen Routen halten wir umfangreiche Informationen bereit. In unserem Online-Shop oder telefonisch können Sie gegen Vorkasse Radkarten bekannter Verlage zu den einzelnen Routen bestellen. Auf unserer Internetseite halten wir GPS-Tracks zum Herunterladen für das Navigationsgerät bereit. Mit unserem Routenplaner im Internet lassen sich auch individuelle Touren zusammenstellen.

Buchungshotline – Kompetenz ist unsere Stärke

Verlassen Sie sich bei der Buchung einer Radreise auf die Kompetenz unseres Buchungsteams. Wir kennen die Strecken, die Sehenswürdigkeiten und die Hotels und beraten Sie umfassend. Ohne Mehrkosten sparen wir Ihnen eine Menge Arbeit. Mit den Reiseunterlagen gibt es exklusiv Anreisebeschreibungen zu den Übernachtungshotels und ausführliche Routenbeschreibungen gratis.
Tel. 05931 / 442266

Sögel
8a
13
Staverner
Gut Sprakelerwald
Sprakel
Wald
Sprakeler
Holz
Egels
Schießplatz
Forstgraben
Waldhöfe
Lehmhaus
Renschen
Erdölwerk
Sögeler Graben
Geest-Radweg
190
185
Tierpark
Sögel-Eisten
Eisten
Nordradde
Grenzgraben
Groß Stavern
Siedlung
Nordender
Großsteingrab Groß Berßen
Hohe Düne
Hessel-
tannen
Stavern
Feld
Groß
Berßen
Wassermühle
Bruneforth
Hünengräberstraße
des Hümmling
Emsland-Route
Hüven
Hüven Ost
14a
Geest-Radweg
Bruneforth
Klein Stavern
Scheffeltannen
Hüven West
195
201
Hüvener Mühle
Klein Berßen
Groß Berßen
Osterfeld
Mittelradde
Wolkenburg
Groß Berßener Graben
Siedlung
Düne
Ostlähden
Apeldorner
Sandberge
Südtannen
Historische Straße
Loherfeldgraben
Herthum
Holtort
Lähden
Dörtelort
Karls-
wald
Berßener Straße
Mittelort
Hundort
205
15
15a
Westerloh
Loherfeld
Riehe
14

Beschilderung

Zielwegweiser stehen vorwiegend an Kreuzungspunkten.

Fernziel mit km-Angabe

Haren (Ems) 38,0 km
Meppen 20,0 km

Signets der Themen-Touren bzw. Radfernwege

Schilder Standorte im Emsland-Netz und Gauß-Krüger-Koordinaten

Nahziel mit km-Angabe

Immer auf dem richtigen Weg

Beschilderung

Unsere Radrouten sind mit dem vom ADFC empfohlenen Radwegeleitsystem ausgeschildert. Dieses besteht aus 75 x 15 cm großen Zielwegweisern und 20 x 30 cm großen Zwischenwegweisern mit grüner Beschriftung. Die Zielwegweiser sind an Kreuzungspunkten oder Stellen mit unübersichtlicher Wegeführung zu finden. Sie zeigen den nächsten Ort auf der Route sowie den nächst größeren Zielort mit Kilometerangaben an. Die 10 x 10 cm großen Einschubschilder zeigen die Routenlogos, so dass Sie sich an den Zielwegweisern vergewissern können, dass Sie noch auf „Ihrer" Route unterwegs sind.

Zwischen den Standorten mit Zielwegweisern folgen Sie einfach den Zwischenwegweisern. Da viele unserer überregionalen Routen parallel verlaufen, haben wir im Sinne der Übersichtlichkeit bei den Zwischenwegweisern auf Routenlogos verzichtet. Sie sind aber auf jeden Fall auf dem richtigen Weg! Verzweigen sich die Routen wieder, dann nur an einem Standort mit Zielwegweisern.

Diese geben übrigens auch Hinweise auf Einkehrmöglichkeiten, Bahnhöfe und Tourist Informationen. In allen Orten ist die Verbindung zwischen der Route und dem Ortszentrum ausgeschildert.

Sollten Ihnen trotz unserer permanenten Kontrollen doch mal Fehler oder Beschädigungen an unseren Schildern auffallen, dann rufen Sie uns an: 05931/442266. Wir freuen uns über Ihre Hinweise und Sie helfen nachfolgenden Radlern!

Handbiker

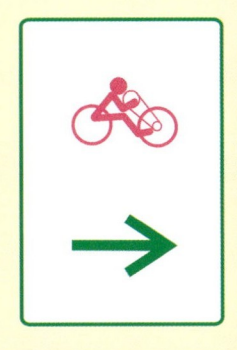

Das Emsland bietet Radelvergnügen auf gut ausgebauten Radwegen und mit „Flachland-Garantie". So können auch Handbiker den Rundkurs der Emsland-Route problemlos bewältigen. Nur dort, wo beispielsweise Sandwege oder doch einmal eine Steigung das Fortkommen besonders anstrengend oder gar unmöglich machen, haben wir eine Umleitung ausgeschildert. Die Handbiker-Schilder führen immer wieder auf den Rundkurs zurück. Eine Liste rollstuhlgerechter Einkehrmöglichkeiten finden Sie auf unserer Internetseite www.emsland.com.

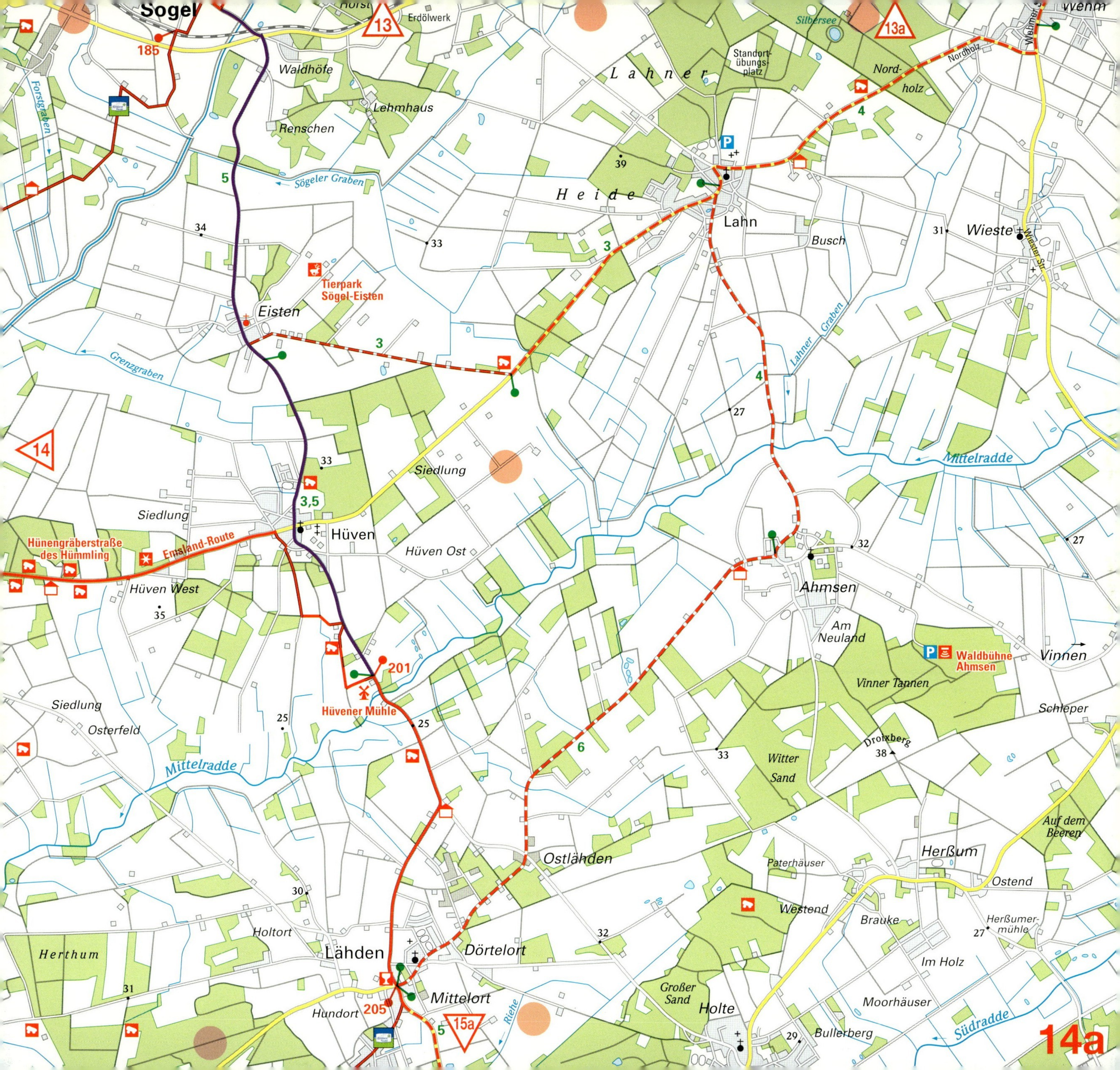
Sögel
185
Horst
13
Erdölwerk
13a
Silbersee
Wehmer Str.
Standort-übungs-platz
Lahner
Nord-holz
Nordholz
Waldhöfe
Lehmhaus
Renschen
Forstgraben
4
5
Sögeler Graben
39
Heide
Lahn
Busch
34
33
31
Wieste
Wiester Str.
3
Tierpark Sögel-Eisten
Eisten
3
Grenzgraben
4
Lahner Graben
27
14
33
Siedlung
Mittelradde
3,5
Siedlung
Hüven
Hüven Ost
32
27
Hünengräberstraße des Hümmling
Emsland-Route
Hüven West
35
Ahmsen
Am Neuland
Waldbühne Ahmsen
Vinnen
201
Vinner Tannen
Siedlung
Hüvener Mühle
25
25
Schleper
Osterfeld
Droixberg
38
6
33
Witter Sand
Mittelradde
Auf dem Beeren
Ostlähden
Herßum
Paterhäuser
30
Ostend
Westend
Brauke
Herßumer-mühle
27
Holtort
32
Herthum
Lähden
Dörtelort
Im Holz
31
Mittelort
Großer Sand
Moorhäuser
Hundort
205
15a
Riehe
5
Holte
29
Bullerberg
Südradde
14a

Haselünne

Emsland

Die Korn- und Hansestadt Haselünne ist die älteste Stadt im Emsland und lockt schon seit dem Mittelalter Gäste aus Nah und Fern an. Der staatlich anerkannte Erholungsort beeindruckt heute durch seine Innenstadt, in der viele historische Gebäude erhalten sind. Allen voran die sog. Burgmannshöfe.

Vor allem durch seine Kornbrand-Tradition hat sich Haselünne einen Namen gemacht. Besucher können die Kunst des Kornbrennens natürlich kennen lernen. Ein Museum und Führungen durch die Produktionsstätten – inklusive Verkostung – sind möglich. Alle zwei Jahre findet der mittelalterliche Korn- und Hansemarkt statt. Aber auch das Freilichtmuseum und der Haselünner See mit dem angrenzenden Wacholderhain sind einen Besuch wert. Besuchergruppen können hier ein lustiges Abitur ablegen.

Radwege führen in die idyllische Umgebung, z.B. an die Ufer der Hase, an denen Biber ihre Spuren hinterlassen haben, oder zu schmucken Bauernhofcafés. Haselünne ist auch Bahnhof für den historischen Hasetal-Express, der zu bestimmten Terminen durch das Hasetal schnauft.

Freilicht- und Heimatmuseum

Burgmannshof

Information:
Touristinformation der Stadt Haselünne
Rathausplatz 1
49740 Haselünne
Tel. 05961 / 509-320
Fax 05961 / 509-555
touristinfo@haseluenne.de
www.haseluenne.de

Sehenswürdigkeiten/Ausflugsziele:
- Historischer Stadtkern
- Kornbrennerei Rosche
- Der Berentzen-Hof mit Brennereimuseum
- Freilicht- und Heimatmuseum
- Erholungsgebiet Haselünner See
- Historischer Dampfzug
- Kapelle Bückelte

Übernachten & Einkehren:
- 15/1) Bauernhofcafé „Up de Deele", Kapellenweg 4, 49740 Haselünne-Bückelte, Tel. 05961/ 1768, Ruhetage: Montag und Dienstag
- 15/2) Burghotel Haselünne, Steintorstraße 7, 49740 Haselünne, Tel. 05961/ 94330, kein Ruhetag
- 15/3) Gasthof Vennemann, Laurentiusstraße 6, 49740 Haselünne-Lehrte, Tel. 05961/ 5192, Ruhetag: Montag
- 15/4) Hotel & Restaurant „Landgasthof Redeker", Laurentiusstraße 2, 49740 Haselünne-Lehrte, Tel. 05961/ 95880, kein Ruhetag
- 15/5) Restaurant „Jagdhaus Wiedehage", Steintorstraße 9, 49740 Haselünne, Tel. 05961/ 7922, Ruhetag: Dienstag

Haselünne
Westerloh
Neubauern
Loher-
wald
feld
Schieß-
platz
Geestweg
Hohes
Historische Straße
Marianenhof
Blam
Malle
NSG
Riehe
Mittelradde
Westerloh-
mühlen
Feld
Boke-
loher-
feld
Dörgener Beeke
Lohe
Hülsen
Alte Schulstr.
Loher Mühle
Haidort
Buschfeld
Dörgener-
feld
Bokeloh
Schleper
Klein
Dörgen
NSG Lahrer Moor
Dampfbetriebene Museumseisenbahn
Stadtmark
Laster Bach
Hofe
Groß
Dörgen
Bleichenholte
Kamp-
haus
Sandheide
Kreyenborg
Lahre
Gut Sautmanns-
hausen
Hase
Sautmannshausener Graben
Hase-Ems-Tour
Lehrte
Huden
Helte
Lammers-
felde
Schulenrieden Graben
Der Berentzen-Hof mit Brennereimuseum
Kornbrennerei Rosche
Historischer Stadtkern
Kulturkino hASETOR
Eltern
Andruper Straße
Bödikerstr.
Lähdener Str.
Hasestr.
Bf
Freilicht- und Heimatmuseum
Erholungsgebiet
Wacholderhain
Neuer
Grund
Hammer
Sand
Hamm
Lehrter-
Am Mühlenmoor
Teglingen
Schlichtwiesen Graben
Kleine Beeke
Bückelte
Kapelle Bückelte
Tönjesstr.
Am Hünenberge
Haverbecker Esch
Wester
Andruper
Schützenstraße
Polle
Feld
14
15a
6
5b
16
402
213
15/1
15/3
15/4
15/5
15/2
20
30
35
40
41
43
214
216
218
220
3,5
5
4
15

Herzlake

Emsland

Das idyllische Hasetal und der waldreiche Hümmling bestimmen den landschaftlichen Reiz der Samtgemeinde Herzlake. Mit ihren Mitgliedsgemeinden Dohren, Herzlake und Lähden ist die Samtgemeinde Herzlake ein Urlaubs- und Erholungsgebiet mit vielen Facetten.

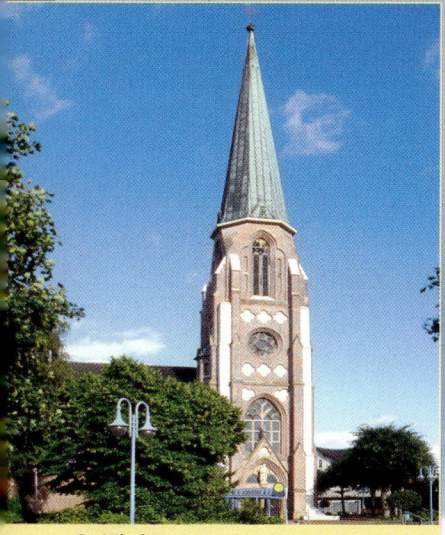

Aselager Mühle

St. Nikolaus

Dazu gehört u.a. das Naturschutzgebiet Hahnenmoor, das seltenen Tier- und Pflanzenarten wie der Kreuzotter und dem Moorfrosch Lebensraum gibt. Im ehemaligen Torfwerk werden Ausstellungen gezeigt und im Kulturbahnhof finden Konzerte und andere Veranstaltungen statt.

Auf Radwegen oder vom Kanu aus lässt sich die Natur rund um Herzlake besonders gut entdecken. Kultureller Höhepunkt sind jedes Jahr die Theaterstücke, die auf der Waldbühne Ahmsen zur Aufführung kommen. Herzlake ist auch Bahnhof für den historischen Hasetal-Express.

Information:
Touristinformation der Samtgemeinde Herzlake
Neuer Markt 4
49770 Herzlake
Tel. 05962 / 88-0
Fax 05962 / 2130
samtgemeinde@herzlake.de
www.herzlake.de

Sehenswürdigkeiten/Ausflugsziele:
- Hahnenmoor und Torfwerk
- Waldbühne Ahmsen
- Historischer Dampfzug
- Aselager Mühle
- Kulturbahnhof

Übernachten & Einkehren:
- 14/1) Hotel-Restaurant Lähdener Hof, Hauptstraße 18, 49774 Lähden, Tel. 05964/ 937470, Ruhetag: Montag
- 15a/1) Bäckerei Preisendörfer, Zuckerstraße 32, 49770 Herzlake, Tel. 05962/ 521, Ruhetag: Montag ab 11 Uhr
- 15a/2) Dohrener Stuben, Hauptstraße 2, 49770 Dohren, Tel. 05962/ 2646, Ruhetag: Dienstag
- 15a/3) Romantik Hotel Aselager Mühle, Zur alten Mühle 12, 49770 Herzlake-Aselage, Tel. 05962/ 93480, kein Ruhetag
- 15a/4) Trödelscheune Dohren mit Café Antiquitäten – Kuriositäten – Kunsthandwerk, Hohe Fehn 11, 49770 Dohren, Tel. 05962/ 2583, Ruhetag: Mittwoch

15a
Herzlake
Hase
Hase-Ems-Tour
Dampfbetriebene Museumseisenbahn
Emsland-Route
Lähden
Mittelort
Hundort
Holte
St.-Clemens-Kirche
NSG "Tiefes Vehn"
Bullerberg
Südradde
Ziegelei
Bökenfeld
Malle
Riehe
Holter Mühle
Lastrup
Lewinghausen
Zitterteich NSG
Wöstemühle
Feldhausen
Flechum
Westrum
Düenkamp
Herzlaker
Tannen
Holthausen
Hövener Kapelle
Höven
Busemühle
Holter Str.
Bahnhofstr.
Aselager Mühle
15a/3
Aseburg
Hölze
Aselage
Einhaus
Hahnenmoorkanal
Große Hase
Zur Alten Mühle
Osterbrok
Beelmann
Wacholderhein
Käseforth
Werthlake
Wehlage
Eltern
Laster Bach
Zum Beel
15a/1
Bakerde
Bookhof
Großer Kanal
Nördicher Hahnenmoorschloot
Lager Bach
Andrup
Andruper Str.
Alte Dorfstr.
Steinbohlenstraße
Felsen
Felser Höhe
Neuenlande
Welle
Hahnenmoor
Naturschutzgebiet
Klein
Dohren
15a/2
15a/4
Lage
Andruper
Schützenstr.
Feld
402

Lengerich

Nördlich des waldreichen Erholungsgebietes rund um den Saller See liegt die Samtgemeinde Lengerich. Zur Gemeinde gehören neben Lengerich selbst die Orte Bawinkel, Gersten, Handrup, Langen und Wettrup.

Romantische Mühlen, malerische Fachwerkhöfe und beschauliche Dorfkerne, eingebettet in zahlreiche Natur- und Landschaftsschutzgebiete, laden zu einem erholsamen Urlaub ein und lassen sich am besten mit dem Fahrrad erobern.

Vor allem während der Heide- und Wollgrasblüte zeigt das Hahnenmoor bei Wettrup ein unvergessliches Farbenspiel der Natur. Besonders idyllisch liegt Ramings Wassermühle. Zu bestimmten Terminen wird im Backhaus der Ofen angeheizt und Brot gebacken. Das Torhaus im Bürgerpark ist das Wahrzeichen von Lengerich. In Gersten ist der schöne Bauergarten in der Ortsmitte sehenswert, in Langen beeindruckt das große Heimathaus und in Handrup die Hesemannsche Wassermühle. In Bawinkel sind das Backhaus und die große St. Alexander-Kirche einen Besuch wert.

Gersten

Hesemannsche Mühle

Information:
Touristikverein Freren-Lengerich-Spelle e. V.
Mühlenstraße 39
49832 Freren
Tel. 05902 / 940800
Fax 05902 / 940802
info@touristikverein-fls.de
www.touristikverein-fls.de

Sehenswürdigkeiten/Ausflugsziele:
- Bürgerpark mit Torhaus
- Ramings Mühle
- Hesemannsche Wassermühle
- Ev.-ref. Kirche (ehemals St. Benedikt) und Kath. Kirche St. Benedikt
- Heimathaus und Kirche in Bawinkel
- Bauerngarten Gersten

Übernachten & Einkehren:
- 16/1) Landgasthaus Els, Dorfstraße 13, 49838 Handrup, Tel. 05904/ 650, Ruhetag: Montag

Engelberts-
Haverbeck
15
15a
Lage
Lotten
Wester Schaftrift
Groß Dohren
Ziegelei-Gr
Klosterholte
Honigforth
Dach-
heide
Siedlung
Siedlung
Langer Bach
225
Lotter Beeke
Andrup
Lage
Lotter-
feld
Johannishof
Katten-
moor
Droper Straße
402
213
Bawinkler Bach
Gelshof
wald
Schwindeler
Gelsbruch
Gelshofgraben
NSG
Lechte-
goor
Scheilgraben
Bawinkel
Lengericher Straße
Groß Bawinkel
Bruch
Heimathaus
230
Deepegoor-Gr.
Emsland-Route
Lotter Beeke
Langener Straße
5b
Bregenbeck
Krekwöste
231,5
1,5
Drope
Berlagen-
hoek
Bruch
Hundehövel
5,5
Bawinkler Bach
6,2
Bregenbecker
Strothook
233
Untergersten
Steppen-
berge
Richtung Handrup:
Landgasthaus Els
16/1
Obergersten
Gersten
Bauern-
gärten
Kleines
Wittefehn
Mühlenbach
Lengericher Str.
Hestruper
Mühlenbach
Langener Straße
235
Lagerhoek
Lotter Beeke
Duisenburg
Pahlriehen
Gerstener Straße
Sopenhock
Lengerich
Gerstener Straße
Völkernhoek
Bürgerpark mit
Torhaus
Ramings
Mühle
NSG
Fallermoor
17
Nordholte
Kaienfehngraben
Hestruper Straße
16

Emsland

Freren

Die Samtgemeinde Freren steckt voller historischer Schätze. Hünengräber aus der jüngeren Steinzeit, schmucke Kirchen, ein sehenswertes Franziskanerinnenkloster und ein prachtvolles Wasserschloss finden sich in den fünf Mitgliedsgemeinden Andervenne, Beesten, Messingen, Thuine und Freren. Sie alle liegen inmitten einer reizvollen, leicht hügeligen und waldreichen Landschaft – jede mit ihrem eigenen Gesicht.

Die prächtigen Giebel der Häuser sind Zeugen der starken kaufmännischen und landwirtschaftlichen Tradition. Auf den Spuren der „Tödden", der alten Kaufmannsfamilien, erleben Besucher eine besonders geschichtsreiche Tradition. Töddenrundwanderweg oder Giebelroute – mit dem Fahrrad oder dem Wanderschuh (ob mit und ohne Nordic Walking Stöcke) lässt sich die Region am besten entdecken. Insbesondere das Erholungsgebiet Saller See lädt zu diesen Aktivitäten mitten in der Natur ein. Abschalten und Aufatmen!

Großsteingrab Thuine

Information:
Touristikverein Freren-Lengerich-Spelle e. V.
Mühlenstraße 39
49832 Freren
Tel. 05902 / 940800
Fax 05902 / 940802
info@touristikverein-fls.de
www.touristikverein-fls.de

Sehenswürdigkeiten/Ausflugsziele:
- Erholungsgebiet Saller See
- Kneippanlage
- Nordic Fitness Park
- Wasserschloss Gut Hange
- Walderlebnispfad Frerener Holtpättken
- Kulturzentrum Stiftung Alte Molkerei
- Waldfreibad Freren
- Großsteingrab Thuine
- Franziskanerinnenkloster

Übernachten & Einkehren:
- 17/1) Akzent-Hotel Saller See, Am Saller See 3, 49832 Freren, Tel. 05904/ 93300, kein Ruhetag
- 17/2) Evers Landhaus– Café am Hof, Geringhusener Straße 2, 49832 Freren, Tel. 05902/ 400, Ruhetag: Dienstag
- 17/3) Gasthof Rolfes, Frerenerstraße 9, 49832 Andervenne, Tel. 05902/ 236, Ruhetag: Montag
- 17/4) Wöste - Gastronomie, Lindenstraße 15, 49832 Freren, Tel. 05902/ 95520, Ruhetag: Montag und Dienstag

Lengerich
Nordholte
Schulmuseum
Mühle
Öings Sand
Waldsiedlung
Raming
Ochsenberg
Ruten
Langen
Grumsmühlen
Heimatmuseum
Kippberg
Sudderweh
Espel
Rentrup
Peddenhoek
Fuchsberg
Saller See
Kneippanlage
Erholungsgebiet Saller See
Brockort
Osterberg
Münnigbüren
Windmühlenberg
Loher Tannen
Heese
Holthofe
Queckeberg
Nordic Fitness Park
Rad-
berg
Neue Siedlung
Bramberg
Langener Straße
Thuiner
Tillberg
Felsberg
Großsteingrab in der Kunkenvenne
Holz
Frerener
Frerener Straße
Lengericher Straße
Oberdorf
Andervenne
Riesenfindling
Niederdorf
Kneippanlage
Baccumer Wald
Messinger Straße
Thuine
Kunkenbecke
Sunderberg
Emsland-Route
Venslage
Ostwie
Kloster
Hollenhorst
Niederthuine
Kötteringe
Schinkenkanal
Freren
Deeper Aa
Achteresch
Thuiner Straße
Schultenhöfe
Lohe
Gering-husen
Beestener Str.
Buschwall
Setlage
Gut Hange
Völleringhook
Westendorf
Schaler Aa
Große Aa
Reitbach
Thuiner Mühlenbach
Messingen
Ostendorf
Feldhoek
Over water
Napoleondamm
Suttrup
Kuhlort
Achteresch
Brümseler Damm
Brümsel
Aller Bilder bach
Schinkenkanal
16
18
4
17

Spelle

Eingebettet in das von Wasser und Moor durchzogene Land liegen die Mitgliedsgemeinden Spelle, Lünne und Schapen. Selbstbewusst präsentiert Spelle seine bäuerliche Vergangenheit – mit großer Aufgeschlossenheit für neue Ideen und moderne Angebote. Weite Naturlandschaften, historische Kleinode wie Fachwerkhäuser und Kirchen machen den Urlaub in Spelle attraktiv.

Wöhlehof

Landhaus Brauerei Borchert in Lünne

Besonders sehenswert ist die unter Naturschutz stehende „Speller Dose" mit ihrem Moorlehrpfad und Aussichtsturm. In Spelle selbst beeindrucken die Burg Venhaus und der Wöhlehof. In Lünne laden der Bürgerpark und die Landhaus Brauerei zu einer besonders schönen Rast ein. Der Blaue See ist ein Paradies für Erholungssuchende. In Schapen ist die Tradition der „Tödden", der Händler und Hollandgänger, besonders präsent. Im Pfarrhaus lässt sich dazu eine Ausstellung bewundern.

Information:
Touristikverein Freren-Lengerich-Spelle e. V.
Mühlenstraße 39
49832 Freren
Tel. 05902 / 940800
Fax 05902 / 940802
info@touristikverein-fls.de
www.touristikverein-fls.de

Sehenswürdigkeiten/Ausflugsziele:
- Wöhlehof
- Moorlehrpfad Speller Dose
- Schwimmhalle Speller Welle
- Burgpark Venhaus
- Autmaring'sche Mühle
- ehemalige Hübert'sche Handelsschule
- Glockenturm Schapen
- Altes Pfarrhaus Schapen
- Schäferdenkmal Schapen
- Bürgerpark Lünne mit Wasserrad
- Erholungsgebiet Blauer See

Übernachten & Einkehren:
- 18/1) Hotel Krone, Bernard-Krone-Straße 15, 48480 Spelle, Tel. 05977/ 93920, kein Ruhetag

Spelle
Lünne
Plantlünne
Beesten
Bahnhof Beesten
Schapen
Altenlünne
Varenrode
Venhaus
Wilsten
Talge
Blankemate
Schardingen
Kirchhof
Bardel
Bramhof
Eßmoor
Herber-sand
Spellersand
Barwüste
Barwöste
Revermann
Huilmann
Waldhaar
Veerkamp
Greve
Loose
Autmaring
Börne-brink
Borken
Ricker
Vismann
Nöring
Löchte Giegel
Holling
Dierkes
Wöste
Wienhake
Osterbruch
Visse
Wies-mann
Paltenkämpen
Heitel
Schierlen-hook
Margaretenhof
Westermoor
Feld
Hof Wöhle
Bürgerpark mit Wasserrad
Jugendzeltplätze
Erholungsgebiet Blauer See
Handwerkerbaum Schäferdenkmal
ehem. Hübert'sche Handelsschule
Glockenturm Altes Pfarrhaus
Naturdenkmal Huilmanns Mörken
Moorlehrpfad
Speller Dose
NSG
Emsland-Route
Große Aa
Speller Aa
Giegel-Aa
Giegel Aa
Lünner Graben
Moosbeeke
Waldwiesengraben
Hopstener Aa
Bardelgraben
Schinkenkanal
Bilderbach
nur Güterverkehr
Beestener Straße
Varenroder Straße
Bönnestraße
Schapener Straße
Venhauser Str.
Heckenstraße
Schaler Str.
Hopstener Damm
Kolpingstraße
Kurze Heide
260
265
268,5
17
2
3a
18/1
70
18

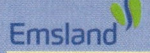

Museen im Emsland

Jagdschloss Clemenswerth

Dörpen	PapierWelt Dörpen	Ahlener Straße 1, 26892 Dörpen, Tel. 04963/ 909614
Emsbüren	Heimathof Emsbüren	Ludgeristraße 2, 48488 Emsbüren, Tel. 05903/ 1745
Geeste	Emsland Moormuseum	Geestmoor 6, 49744 Geeste - Groß Hesepe, Tel. 05937/ 709990
Haren (Ems)	Mühlenmuseum Haren (Ems)	Landeggerstraße, 49733 Haren (Ems), Tel. 05932/ 6196
	Schifffahrtsmuseum Haren (Ems)	Kanalstraße 1, 49733 Haren (Ems), Tel. 05932/ 5843
Haselünne	Brennereimuseum Haselünne	Bahnhofstraße, 49740 Haselünne, Tel. 05961/ 502-556
	Freilicht- und Heimatmuseum Haselünne	Lingener Straße 30, 49740 Haselünne, Tel. 05961/ 509-320
Lingen (Ems)	Emslandmuseum Lingen (Ems)	Burgstraße 28 b, 49808 Lingen (Ems), Tel. 0591/ 47601
	Kunsthalle Lingen	Kaiserstraße / Halle IV, 49809 Lingen (Ems), Tel. 0591/ 59995
	Kunststoff-Additiv Museum Lingen	Am Hilgenberg / Industriepark Süd, 49811 Lingen (Ems), Tel. 0591/ 9132-114
	Theatermuseum für junge Menschen	Universitätsplatz 5-6, 49808 Lingen (Ems), Tel. 0591/ 91663-0
Meppen	Ausstellungszentrum für die Archäologie des Emslandes	An der Koppelschleuse 19 a, 49716 Meppen, Tel. 05931/ 6605
	Stadtmuseum Meppen	Obergerichtsstraße 7, 49716 Meppen, Tel. 05931/ 1086
Surwold	Waldmuseum Surwold	im Erholungsgebiet Surwolds Wald, 26903 Surwold, Tel. 04965/ 9131-0
Papenburg	Gut Altenkamp - Überregionales Ausstellungszentrum	Am Altenkamp 1, 26871 Aschendorf, Tel. 04962/ 6505
	Heimatmuseum Papenburg	Hauptkanal rechts 13, 26871 Papenburg, Tel. 04961/ 916416
	Von-Velen-Anlage	Splittingkanal links, 26871 Papenburg, Tel. 04961/ 8396-0
	Dokumentations- und Informationszentrum (DIZ) Emslandlager	Wiek rechts 22, 26871 Papenburg, Tel. 04961/ 916306
	Papenburger Zeitspeicher	Ölmühlenweg 21, 26871 Papenburg, Tel. 04961/ 8396-0
Rhede (Ems)	Landwirtschaftsmuseum Rhede (Ems)	Emsstraße 15, 26899 Rhede (Ems), Tel. 04964/ 1800
Salzbergen	Feuerwehrmuseum Salzbergen	Overhuesweg 18, 48499 Salzbergen, Tel. 05976/ 94393
Sögel	Emslandmuseum Schloss Clemenswerth	Schloss Clemenswerth, 49751 Sögel, Tel. 05952/ 932325
Twist	Erdöl-Erdgas-Museum Twist	Flensbergstraße 13, 49767 Twist, Tel. 05936/ 9330-0

Die Emsland-Route führt automatisch zu den Museen im Emsland. Hier werden Geschichte und Geschichten liebevoll, kenntnisreich und interaktiv aufbereitet - mal in modernen Gebäuden, mal in historischem Ambiente. Begeben Sie sich auf Zeitreise von der Steinzeit in die Zukunft! Das Emsland zum Sehen, Hören und Anfassen!